U1060505

白话全本史记

卷八·金戈铁马

司马迁 著

青少年彩绘版

长江出版传媒 | 长江文艺出版社

总 策 划：金丽红　黎　波

主　　编：黄晓新　程三国　王赛男

绘画作者：童介眉　韩亚洲　徐开云　熊孔成　张南峰
郭小凌　赵希玮　邓邦源　陈小强　王师颉
王惠祥　刘志伟　周　禾　赵　青　王树立
孙　龄　闫　斌　刘毅红　刘　炬　许明康
王时旺　陈昌柱　白云浩　白　明　兰　紫
张国荣　安洪民　刘　洁　刘　忠　杨　云
崔君旺　梁战岩　张　清

译　　者：李洛川　李　婷　吴振鹏　柳　敏

责任编辑：王赛男　张雅琴

助理编辑：王枫婕

北京长江新世纪文化传媒有限公司
www.cjxinshiji.com
出品

扫码观看名师讲解
《史记》高考篇目

目　录

史记卷九十二

淮阴侯列传

扫描二维码
阅读本篇原文

韩信 汉王 滕公 萧何 广武君 蒯通 陈豨

淮阴侯韩信是淮阴人，当初还是平民的时候，贫穷而又放纵不加检点，不能被推选为官吏，又不能从事生产或经营商业，经常投靠在别人家里吃闲饭，人们大都讨厌他。他曾到下乡县的南昌亭长家里去吃饭，一连几个月，亭长的妻子很厌恶他，就早早起来做饭，端到内室床上去吃。等到吃饭的时候韩信去了，就不再给他准备饭食。韩信明白了他们的用意，很生气，从此就不再到他家去了。

韩信在淮阴城下钓鱼，有几位老大娘在那里漂洗丝绵。有位老大娘看到韩信饥饿，就拿饭给韩信吃，竟然连续漂洗几十天，天天如此。韩信很高兴，对那位老大娘说："我将来必定会重重地报答你。"老大娘生气地说："大丈夫不能自食其力，我可怜你而给你饭吃，难道是希望得到报答吗？"

淮阴的屠户中有个年轻人侮辱韩信："你虽然长得高大，喜欢佩带刀剑，其实是个胆小鬼。"并当众侮辱他说："韩信，如果你不怕死，就用剑来刺我，如果怕死，就从我的胯下爬过去。"韩信注视了对方好久，就俯下了身子，从他的胯下爬了过去。满街的人都讥笑韩信，认为他胆小怕死。【1】

当项梁率军渡过淮河，韩信佩剑从军，在项梁手下任职，但仍默默无闻。项梁兵败，韩信又投奔项羽，项羽任他为郎中。他屡次向项羽献计，项羽没有采用。等到汉王刘邦入蜀，

【1】

韩信离开楚王，投奔了汉王，仍然不受赏识，只做了个连敖[1]。后来因为犯法当斩首，同案十三人都斩首，轮到韩信，他抬起头正好看到滕公夏侯婴，说："汉王不想得到天下吗？为什么斩杀壮士？"滕公见他出语不凡，相貌堂堂，就放了他，并与他交谈，非常赏识他，并把此事告诉了汉王，汉王任命他为治粟都尉，但没有重视他的才能。

韩信与萧何交谈，萧何很赏识他。在去南郑的途中，有数十名将领半路逃跑，韩信考虑到萧何已多次向汉王谈及自己，汉王仍不重用他，便逃走了。萧何听说韩信逃走，来不及报告，就自己去追赶。有人告诉汉王："萧何逃走了。"汉王很生气，如同失去了左右手。过了一两天，萧何回来进见汉王，汉王又生气又高兴，骂他："你为什么逃走？"萧何回答："我不是想逃走，我是去追赶逃走的人。"汉王问："你追的是谁？"萧何说："韩信。"汉王又骂道："逃走的将领有数十人，你没有追，你说追的是韩信，这是骗人。"萧何说："一般将领容易得到，至于韩信，是国家独一无二的才士。您如果只想长期在汉中称王，可以不用韩信；如果要争夺天下，除了韩信就没有能计议大业的人。这就看大王如何决策了。"汉王说："我也想向东扩展，怎么甘愿长期待在这里呢？"萧何说："大王想向东扩展，启用韩信，韩信就能留下；不用他，他就总会离开的。"汉王说："既然你推荐他，我任命他为将军。"萧何说："虽然任命他为将军，他仍然不会留下。"汉王说："我任命他为大将军。"萧何说："太好了！"于是汉王就想召见韩信任命他为大将军。萧何说：

① 连敖：官名，掌管接待宾客。

“大王平时待人轻慢无礼，如今任命大将军就像呼唤小孩子一般，这就是韩信要离开的原因。大王如果任命他为大将军，应择吉日，亲自斋戒[①]，设置拜将的坛台，礼仪完备才行。”汉王同意了。将领们都很高兴，人人都以为自己要做大将军了。到了任命的时候，被任命的却是韩信，全军都很惊讶。

任命仪式完毕，汉王坐下来，说：“丞相多次举荐将军，将军有什么好的计策指导我呢？”韩信谦让了一番，就说：“如今在东边争夺天下的，不就是项王吗？”汉王答道：“是的。”韩信说：“大王自己估量一下，在勇敢、强悍、仁爱、刚毅哪一方面，比得过项王？”汉王沉默很久，说：“都不如项王。”韩信又一次拜汉王并祝贺道：“我也认为大王在这些方面不如项王。我曾经与项王共事，请让我谈谈项王的为人。项王咆哮发怒时，千人都被吓倒。然而他不能任用有才之士，这只不过是匹夫之勇。项王待人恭敬慈爱，言语温和，有人生病时，他流着泪将自己的食物分给病人。但等到人家立功应当受赏封爵的时候，他把印章玩弄得磨光了棱角，还舍不得给人家，这是所谓妇人的仁慈。项王虽然称霸天下，让诸侯称臣，但他放弃了关中而在家乡彭城建都，违背了义帝的‘先破秦入关的为关中王’的约定，把自己偏爱的亲信封为王，诸侯都愤愤不平。诸侯们看到项王把义帝驱逐到江南，也都回国后驱逐自己的君主而占领好的地方自立为王。项王军队所经过的地方没有不残缺破灭的，天下怨声不绝，百姓不拥护他，只不过迫于威势。项王名义上是天下的霸王，实

① 斋戒：古人在祭祀等大典以前，必须洗澡、更衣、戒酒、戒荤、不近女色，以表示诚敬，叫作“斋戒”。

际上已失去了民心，所以说他的强势是容易削弱的。现在大王如果能反其道而行，启用天下贤才，有什么不可以诛灭的呢？把天下的城邑封给功臣，有谁不服从呢？率领正义之师，顺从将士东归的心愿，一定所向披靡。况且项羽分封在关中的三个诸侯王原来都是秦国的将领，统率秦国的子弟很多年，其中被杀死、逃跑的不计其数。他们又欺骗部下，投降诸侯，走到新安，项王狡诈地坑杀了秦军二十多万已经投降的士兵，唯独章邯、司马欣、董翳留存下来，秦国的父老兄弟对这三个人恨入骨髓。如今项王凭借威势强立这三人为王，秦地百姓并不拥护。大王率领部队进入武关，秋毫无犯，废除秦朝的苛法，与民众约法三章，秦地的民众没有不希望大王在秦地为王的。根据诸侯们的约定，大王应当在关中为王，关中民众都知道这件事。大王失掉应得的王位而进入汉中，秦地的民众没有不遗憾的。现在大王举兵东进，发布檄文加以讨伐，三秦之地就可以平定了。”汉王非常高兴，认为得到韩信晚了。于是听从韩信的计策，部署部队向东开拔。

八月，汉王率军向东经过陈仓，平定了三秦。汉王二年（公元前 205 年），汉王从函谷关出兵，收复了魏王魏豹、河南王申阳，韩王郑昌、殷王司马印也相继投降。汉王联合齐王田荣、赵王赵歇共同攻打楚军。四月，汉王打到彭城，遭到反击，败散而归。韩信聚集部队与汉王会师荥阳，在京县、索城之间打败了楚军。因此，楚军再不敢向西推进。

汉军在彭城败退以后，塞王司马欣、翟王董翳背叛汉王投降项羽，齐王、赵王也背叛汉王与项羽讲和。六月，魏王魏豹请假回家探望生病的亲人，一到本国，就切断黄河渡口临晋关的交通，背叛了汉王，与项羽定约讲和。汉王派郦食其去说服魏豹，没有成功。这年八月，汉王任命韩信为左丞相，率军攻打魏国。魏豹将兵力集结在蒲坂，堵塞了临晋关。韩信就增设疑兵，故意陈列船只以示在临晋关渡过黄河，而埋伏的部队却从夏阳用木罂缻（fǒu）[①]渡河，突袭魏都安邑。魏王惊慌失措，率军迎战。韩信俘虏了魏王，在那里设置了河东郡。汉王派张耳与韩信一起领兵东进，然后向北攻打赵国、代国。这年的闰九月，击败代国的军队，在阏与活捉了代相夏说。韩信攻入魏国、代国后，汉王就派人调集了他的精锐部队，进入荥阳抵御楚军。

韩信与张耳率领数万兵力，准备向东突破井陉口，攻打赵国。赵王赵歇、成安君陈馀听说汉军来袭击他们，就纠集号称二十万的兵力迎战在井陉口。广武君李左车向他献计："我听说汉将韩信渡过西河俘虏魏豹，活捉夏说，刚刚在阏与经过浴血奋战，如今又有张耳的佐助，意欲一举灭赵。这是乘胜追击，出国远征，锋芒是不可阻挡的。我听说从千里之外运输粮食，士兵就会面有饥色，临烧火时再去打柴，士兵就会饿肚子。如今井陉这条路，车辆不能并列，骑兵无法成列，部队行军数百里后，给养必然远远落在后面。请你拨给我三万人，抄小道拦截敌军的粮草；你在这里深沟高垒，坚守营地，不要与敌人交战。他们向前不能作战，后退又无后路，我再派精兵断绝退路，让它在旷野里掠取不到任何给养。不到十天，韩信和张耳的头颅就可以献到将军的帐下。希望大王慎重考虑我的计策，否则，我们将被两将俘虏。"

① 木罂缻：木制的盆瓮。

成安君陈馀是个书生，经常宣称正义之军不用诈谋奇计，他回答广武君："兵书上说，兵力超过敌人十倍就包围它，超过敌人一倍就与它交战。现在韩信兵力号称数万，实际不超过数千，他们跋涉千里来袭击我们，已经很疲劳了。对这样的敌军避而不击，以后再有强大的，又怎么去对付呢！再则，这样做的话，诸侯认为我们怯战，而轻易地来攻打我们。"陈馀没有采纳广武君的计策。

韩信派人探听消息得知广武君的计策没有被采用，报告给韩信，韩信非常高兴，就率兵进入井陉口，在离井陉口三十里地方宿营。半夜传令开拔，韩信挑选两千名轻骑兵，每人手拿一面红旗，从小道上山隐蔽起来，以观察赵军的动向。韩信交代："赵军看到我军败退，必然倾巢而出追赶我军，你们迅速突入赵军军营，拔掉赵军的旗帜，插上我军的旗帜。"并命令副将分发食物，说："今天打败了赵军，回来再会餐。"将领们都不相信，勉强回答："好！"韩信对军官们说："赵军已占领有利地形，建造了营垒，在他们未发现我军旗帜和仪仗前，是不会攻击我先头部队的。因为担心我军在险要地带遇到阻击而退了回来。"韩信派了一万士兵为先头部队出井陉口，背靠河水摆开阵势。赵军看见这阵势大笑。天亮以后，韩信竖起主将的旗帜和仪仗，率领部队击鼓前行出井陉口。赵军打开营垒，攻击汉军，战斗进行了好长时间。韩信、张耳假装战败丢弃旗鼓，败退到水边阵地。水边军营敞开让军队进去，然后又和赵军激战。赵军果然倾巢出动，争夺汉军丢弃的旗鼓，追逐韩信、张耳的将士。韩信、张耳进入河边阵地以后，全军殊死奋战，赵军无法将他打败。韩信派出去的那两千名轻骑兵，等到赵军全部出动抢夺战利品时，冲进赵军营垒，一起拔掉赵军的旗帜，插上了两千面汉军的红旗。赵军不能战胜汉军，又捉不到韩信等，就想返回军营，可军营都是汉军的红旗，大为惊慌，以为汉军已经全部俘虏了赵军将领。于是队伍混乱，士兵纷纷逃走。赵军将领虽然将逃兵斩首，仍然不能禁止。于是汉军前后夹击，大破赵军，在泜水边杀了成安君陈馀，活捉了赵王赵歇。

韩信传令全军，不要杀害广武君李左车，能活捉他的人，赏给千金。于是有人捆着广武君送到主将面前，韩信亲自给他解开绳索，请他面朝东而坐，自己面向西坐着，像对待老师那样对待他。

将领们呈献敌军的首级和俘虏，仪式完毕，向韩信祝贺，并问他："兵法上说，布列阵地右面、背面应靠山，前面、左面应临水。这次将军命令我们背水列阵，还说击败赵军会餐，当时我们都不信服，然而却取得了胜利。这是什么战术呢？"韩信说："这也出自兵法，只是你们没有留心罢了。兵法上不是说，把军队放在危险的境地，才能让他们为了保全自己而去拼死作战，去赢得战争的胜利吗？况且我平时没有得到机会安抚和训练诸位将士，这就如同驱赶街上的老百姓去打仗。根据这种情况，只有置之死地，让他们为保全自己而战斗。如果留下生路，大家都逃走了。还怎么用来战胜敌人呢！"将领们都很佩服地说："很对，将军的才能不是我们能够比得上的。"

韩信问广武君："我打算向北攻打燕国，向东攻打齐国，怎样做才能成功？"广武君推辞说："我听说，打了败仗的将军，不可以谈论勇敢；亡了国的大臣，不可以谋划国家的存亡。如今我是兵败国亡的俘虏，怎么够格参与权衡国家大事呢？”韩信说：“我听说，百里奚在虞国而虞国灭亡，在秦国而秦国称霸，这并非是他在虞国愚蠢而在秦国聪明，而在于国君是否任用他，是否听取他的计谋。假如成安君听信了你的计谋，我韩信也就成了你手下的俘虏了。由于他没有采用你的计谋，我才能在这里侍奉你。”因而韩信坚持请求道：“我真心地听从你的计谋，请你不要推辞。”广武君说：“我听说，聪明的人千般考量，必有一处失误想不到的；愚笨的人千般思虑，必有一处想得明白的。所以俗话说‘狂妄莽撞的人所说的话，圣人也会选择一二来听从’。只恐怕我的计谋不足以采用，但我愿意献出愚忠。成安君本来有百战百胜的谋略，但一旦失策，全军覆灭于鄗城，自己葬身于泜水边。如今将军渡过西河，俘虏魏豹，在阏与生擒夏说，一举攻克井陉，不到半日打垮赵军二十万兵力，杀死成安君，名闻海内，威震天下。农民担心兵灾到来都停止耕种，穿好衣服，吃好食物，等待自己命运的安排。这些，是将军的优势。然而，当前民众劳苦、士兵疲惫，难以继续作战。如果将军准备用疲惫之兵，去围攻燕国的坚固城池，恐怕时间久了攻不下来，部队精疲力竭的弱点一暴露，威势就减弱了，再拖久了，粮食也会缺乏，这样弱小的燕国不肯降服，齐国也会坚守边境以图自强。燕、齐两国坚持不投降，那么，刘邦、项羽双方的胜负就不能断定。以上这些，是将军的劣势。我见识浅薄，认为这样做是一种失策。所以善于用兵的人，不以自己的短处攻击敌人的长处，而是以自己的长处攻击敌人的短处。”

韩信问："那怎么办呢？"广武君回答："现在为将军打算，不如按兵不动，安定赵国的秩序，抚恤赵国遗留下来的百姓，这样做之后，一百里之内，就会天天有人送来牛、酒，来犒劳将士；北向燕国进攻，然后派遣说客拿着书信到燕国去，把自己战略上的长处告诉燕国，燕国一定会不敢不听从。燕国降服之后，再让说客把这件事告诉齐国，齐国也就会像风吹草倒般地归降，到那个时候，虽然有智谋之士，也不知怎样为齐国策划了。如果这样，那么天下的事都可以图谋了。用兵向来就有先虚而后实的，说的就是这个道理。"韩信说："好。"于是就听从广武君的计策，派遣使者到达燕国，燕国果然降服了。韩信又派使者报告汉王，请求立张耳为赵王，来镇抚赵国。汉王同意了，于是就立张耳为赵王。

楚军多次派奇兵渡过黄河攻击赵国，赵王张耳、韩信带兵往来救援赵国，一路镇抚赵国尚不稳定的城邑，并发兵去增援汉王。楚国正把汉王围困于荥阳，汉王向南突围，逃到达宛、叶（shè）两县之间，收降了黥布，奔入成皋，楚军又迅速包围成皋。六月，汉王逃出成皋，向东渡过黄河与滕公两个人一起去修武投奔张耳。到了修武之后，他们住在客舍里。第二天早晨，自称是汉王的使者，骑马进入赵王的军营。这时，张耳、韩信还没起床，汉王就从他们的卧室内夺了他们的将印、兵符，然后宣召诸位将领，调动了他们的职位。张耳、韩信起床后，才知道汉王来了，大吃一惊。汉王夺了他们俩的军权，然后就命令张耳防守赵国地区，任命韩信为相国，让他收集赵国还没有发往荥阳的部队，去攻打齐国。

韩信带兵东进，还没有从平原津渡过黄河，听说汉王已经派郦食其（lì yì jī）说服齐国投降，韩信想停止前进。范阳说客蒯通说服韩信说："将军您奉命攻击齐国，而汉王只是暗中派人游说齐国，难道有诏令制止将军吗？为什么停止前进呢？况且，郦生只是一个书生，坐着车子，凭着三寸之舌，收服了齐国七十余座城邑，将军统率数万军队，一年多就攻下赵国五十多座城邑了，当了多年大将军，难道反不如一介书生的功劳？"韩信认为他说得对，听从了他的计策，渡过黄河。齐王已经听从了郦生的劝说，留下郦生开怀畅饮，撤除了防御汉军的部队和设施。因而韩信顺利地突袭了齐王历下的部队，很快打到临菑。齐王田广认为郦生出卖了自己，就将他烹死，然后逃到高密，派使者去楚国请求救援。韩信平定了临菑，向东追赶田广一直追到高密西部。楚国派龙且（jū）为将领兵，号称二十万，援救齐国。

齐王田广和楚将龙且联合起来与韩信作战，尚未交战，有人对龙且说："汉军远离国土，拼死作战，锋芒不可阻挡。齐军、楚军在自己的家园作战，部队容易败散，不如深沟高垒，坚守阵地，让齐王派他亲信的大臣，去招抚丢失的城邑，这些城邑的军民听说君王还在，楚军又来救援，一定会反叛汉军。汉军远离国土两千里，人生地不熟，齐国城邑都反叛汉军，它势必得不到粮食，这样，就可以不作战而降服他们。"龙且说："我早就知道韩信的为人，他是容易对付的。况且我奉命来救齐国，若不作战而降服他们，那我有什么功劳？现在若经过战斗而取得胜利，就可以得到齐国的半壁江山，我为什么不打？"于是他决定交战，与韩信的部队在潍水两岸排开阵势，韩信连夜命令部队做了一万多个口袋，装满沙土，堵住潍水的上游，然后率领部队渡过潍水，攻打龙且的部队，大军刚刚渡过一半，就假装战败后撤。龙且果然高兴地说：“我本来就知道韩信是个胆小鬼！”于是率军渡潍水追赶韩信。韩信派人拆除上游拦水的沙袋，河水汹涌而来。龙且的大部分部队还没有来得及渡河，韩信部队就迅速反击，杀死了龙且。在潍水东岸的龙且部队四处逃散，齐王田广也逃跑了。韩信向北追赶败兵直到城阳，俘虏了楚军全部的士卒。

汉王四年（公元前 203 年），韩信平定了齐国，派人向汉王上书说：“齐国狡诈多变，反复无常，南边又靠近楚国，不暂时设立一个代理的王来镇抚，一定会不安定。请允许我暂时代理齐王。”当时，楚军正紧紧包围汉军于荥阳，韩信使者到后送上书信，汉王大怒，骂道：“我被围困在这里，日夜盼望你来援救我，你却想自立为王！”张良、陈平暗中踩了踩汉王的脚，附在他耳边说：“汉军目前处境不利，怎么能禁止韩信称王呢？不如趁机立他为齐王，好好对待他，让他自己镇守在齐国。否则，会发生大乱。”汉王也明白过来，又故意骂道：“大丈夫平定诸侯，就做正式的王好了，何必做临时代理的王呢！”于是，汉王派张良去齐国立韩信为王，调用他的部队攻打楚军。

楚军失去龙且，项羽感到恐惧，派盱眙（xū yí）人武涉去游说齐王韩信道：“天下受秦朝的苦害已久了，因此大家合力攻击它。秦朝灭亡以后，按照功劳割地分封，各自为王，以便休兵免战。如今汉王又率军东征，侵占别人的国土，剥夺人家的封土，现已攻破三秦，领兵出关，收集各路诸侯的部队向东攻打楚国，看他的意图是非吞并天下而不肯罢休，贪心不足到这种地步，真是太过分了。况且汉王这个人不能相信，曾经几次落到项王手中，项王出自同情都放了他，但他一脱身，就违背盟约，又去攻打项王，他这个人不可亲信到这个地步。现在你虽然与汉王交情深厚，是因为你替他尽力用兵，可是终究还是要被他抓获的。你所以能够苟延到今天，是因为项王还在啊。当今楚王、汉王之争，举足轻重的人物是你。你若西靠汉王，汉王就胜利；你若东靠项王，项王就胜利。如果项王今天败亡，下一个就轮到你了。你和项王有旧交，何不返汉，而与楚讲和，三分天下，自立为王呢？现在放弃这个机会，而竭尽全力帮助汉王攻打项王，一个有智谋的人难道会这样做吗？”韩信辞谢道：“我曾经侍奉过项王，官只做到郎中，职位不过是个执戟的卫士，进言不听，计策不用，所以我才背楚而归汉。汉王授予我大将军印，给予我数万人马，把他的衣服给我穿，把好饭给我吃，言听计从，所以我才有今天。人家这样亲信我，我背叛他不会有好结果，即使死了我也不变心。希望你替我向项王辞谢！”

武涉走后，齐国人蒯通知道天下胜负取决于韩信，想出奇策打动他的心，就假托看相来说服韩信。他说：“我曾学过看相的本领。”韩信问：“先生看相用的是什么方法呢？”蒯通回答：“人的高贵和卑贱在于骨骼，忧愁和喜悦在于面色，成功和失败在于决断，从这三方面加以考虑，是万无一失的。”韩信说：“很对，请先生给我看个相，是怎么样的？”蒯通说：“请左右的人暂时退下。”韩信命令：“左右随从退下。”蒯通说：“相你的面，不过达到封侯之顶，而且还危险；相你的背，却贵不可言。”韩信问：“这是什么意思？”蒯通说：“天下最初举兵起事的时候，一时间英雄豪杰纷纷起来建立名号，他们振臂一呼，天下的勇士就像汇聚的云雾、杂沓的鱼鳞那样集合在一起，声势犹如火焰迸发，大风骤起。这个时候，大家所忧虑的是如何灭掉秦国。现在楚、汉相争，使天下百姓肝脑涂地，父子老少抛尸荒野，数不胜数。楚国从彭城起兵，南征北战，直到荥阳，乘胜追击，席卷天下，军威大震。然后，楚军被困在京县、索城之间，被阻在西山不能前进，到如今已经三年了。汉王率兵数十万，在巩县、洛阳凭借山河的险阻，一日数战，却得不到寸尺之功，甚至兵败不能自救，丢掉了荥阳、成皋，逃跑到宛、叶两县之间，这就是智勇枯竭。这样下去，将士的锐气因为长期困顿于险要的关塞之间而消磨尽了，仓库的粮食因为大量供应，也要耗用光了。老百姓筋疲力尽，怨声载道，人心惶惶，无所依靠。依我看，除非天下圣贤，是平息不了这场祸乱的。当前刘、项二王的命运悬在你的手上，你帮助汉王，汉王就胜，你帮助楚王，楚王就胜。我愿披肝沥胆，向你呈献愚妄的意见，唯恐你不会采用。如果你能真心听取我的计策，不如对汉、楚双方都不损害，让他们共存，你与他们三分天下，鼎足而立，这种形势谁也不敢轻举妄动。凭你的贤才圣德，加上众多的兵力，占据在强大的齐国，再有燕、赵二国的归服，从汉、楚两军的空虚地带出兵，牵制他们的后方，顺应民心，为百姓请命，向西制止刘、项之争。那么，天下就会群起响应，谁敢不服从。进而分割大国，削弱强国，重新分封诸侯，天下就会归服齐国，对齐国感恩戴德。你稳守齐国故土，据有胶河、泗水流域，以德行感召诸侯，拱手谦让，那么，天下所有的君主都会朝拜齐国。我听说，天给予的好处不接受，反而会受到惩罚；时机到了不行动，反而要遭受祸秧。希望你仔细考虑我的意见。”

韩信说：“汉王待我恩德厚重，把他的车给我用，把他的衣服给我穿。我听说，乘人家的车要分担人家的患难，穿人家的衣服要思虑人家的忧患，吃人家的饭要誓死为人家效劳，我怎么能为了私利而背弃道义呢？”蒯通说：“你自以为与汉王交情深厚，想建立千秋功业，我私下认为这是错误的想法。当初常山王张耳、成安君陈馀是平民时，两个人是刎颈之交，后来因为张黡、陈泽的事件发生争执，二人成为怨家。常山王背叛项王，提着项婴的头逃跑，投降了汉王。汉王命张耳率兵东进，把成安君杀死在泜水南岸，使成安君身首异处，终为天下人耻笑。这两个人的交情，是天下最好的了。然而弄到彼此都想把对方置于死地的地步，为什么呢？原因在于贪得无厌，人心难测。如今你想以忠信与汉王相处，你们的交情肯定没有张耳、陈馀牢固，而你们之间发生的事情大都比张黡、陈泽事件更严重。所以，我认为你完全相信汉王不会害你的想法是错误的。大夫文种、范蠡曾经保存了即将灭亡的越国，辅助勾践成就霸业，功成名就后一个被迫自杀，一个不得已逃亡。这就是野兽打尽而猎狗遭烹的道理。以朋友交情而言，你与汉王不如张耳与成安君。以忠诚信义而论，你与汉王也不会超过文种、范蠡与勾践。这两个事例，就可以看得很清楚，希望你深思熟虑。我听说，勇敢和谋略震动君主的人，必然有危险；功绩达到顶点的人，反而得不到封赏。请让我说说大王的功绩和谋略：您率军渡过黄河，俘虏魏豹，活捉夏说，率兵攻下井陉，杀死成安君，镇抚赵国，挟制燕国，平定齐国，南面战败楚军二十万，杀死龙且，向西去给汉王报告，这正是功劳天下无二，而谋略盖世无双。现在你有震撼君主的威势，持有无以封赏的功绩，归附楚国，楚人不相信；归附汉王，汉人感到惊恐。你有如此大的功劳能到哪里落脚安身呢？这正是处在臣子的地位而有震撼君主的威势，名望高于天下所有人，我心里很为你担心。”韩信辞谢说：“先生请不要说了，我打算好好考虑考虑。”

过了几天，蒯通又去对韩信说：“怎样听取意见是事情成败的征兆，如何做出决定是事情成败的关键。听取意见不能做出判断的人而能够长治久安的，实在少有。听取意见不会主次颠倒的人，就不会被花言巧语所扰乱；决定计划不会本末倒置，就不会被各种言辞所扰乱。甘心劈柴养马的人，不会被委以重任；谨守着微薄俸禄的人，就得不到公卿宰相的高位。所以说，聪明人做事坚决而又果断，优柔寡断是办事情的祸害。在小事情上计算得失，就会失掉得天下的大事情；能判断是非，但决定了又不敢做，这是一切事情的祸根。所以俗话说：‘猛虎犹豫不决，不如黄蜂、蝎子用刺去螫；良马踏步不前，不如劣马稳步前进；孟贲般的勇士狐疑不定，不如庸懦的人决心要达到目的；虽然有尧舜、夏禹那样的智慧，但是闭口不言，不如聋哑的人用手势表达自己的意思。’这些话最重要的是行动，功业难以成功而容易失败，时机难以得到而容易丧失，时不再来，希望你慎重考虑。”韩信犹豫不决，不忍心背叛汉王，又认为自己劳苦功高，汉王总不会夺取自己的齐国，于是辞谢了蒯通。蒯通见韩信不听自己的劝说，就假装疯癫，做巫师去了。【2】

汉王被围困在固陵时，采用张良的计谋，征召齐王韩信，韩信领兵到垓下与汉王会师。汉王击破项羽后，夺取了韩信的军权。汉五年正月（公元前 202 年），将韩信迁到楚国封为楚王，建都下邳。

韩信到达楚国，召见曾给他饭吃的那位漂洗丝绵的老大娘，赐给黄金千斤。至于下乡县南昌亭的亭长，赐给一百枚铜钱说："你是小人，做好事有始无终。"召见那个侮辱自己，让自己从他的胯下爬过去的年轻人，任命他为楚国的中尉，对诸将领说："这是个壮士。当他欺侮我时，我难道不能杀死他吗？但杀了他不能成就功名，所以我忍受一时的侮辱而成就了今天的功业。"

项羽部将钟离眛家在伊庐县，一向与韩信要好。项羽死后，他逃出来投奔了韩信。汉王怨恨钟离眛，听说他在楚国，就发诏令捉拿他。韩信刚到楚国时，巡视县邑，进出都带着部队。汉王六年（公元前 201 年），有人上书告发楚王韩信谋反。高祖刘邦采用陈平的计谋，巡视诸侯境地。南方有一云梦泽，高祖派遣使者通告各诸侯到陈县聚会，对他们说："我要巡游南方的云梦泽。"其实是想袭击韩信，韩信不知道。高祖将要到楚国的时候，韩信想发兵反叛，又想到自己无罪；想去朝见高祖，又害怕被抓起来。有人对韩信说："杀了钟离眛去见皇上，皇上一定高兴，你就平安无事了。"韩信找钟离眛商议。钟离眛说："汉王之所以不敢攻打楚国，是因为我在你这里。你如果把我抓住去讨好汉王，我今天死，你也会随着死。"并骂韩信："你不是个忠厚的长者。"就自杀了。韩信提着他的头，去陈县拜见高祖。皇上命令武士

【2】

捆住韩信，押在随行的车上。韩信说：“果然像人们说的，‘兔子打完了，猎狗就可杀掉吃；鸟射尽了，弓箭就藏着不用了；敌国被征服，谋臣的死期就到了。’现在天下已经平定。我是本该被烹杀的！”高祖说：“有人告发你谋反。”就给韩信带上刑具，到了洛阳，赦免了韩信，封他为淮阴侯。

韩信知道汉王畏忌自己的才能，常常称病不参加朝会和侍从。韩信从此日夜怨恨，闷闷不乐，羞于和绛侯周勃、颍阴侯灌婴处于同等地位。有次，韩信路过将军樊哙的府邸，樊哙跪拜迎送，自称臣子，说：“大王竟肯光临臣子家门。”韩信出门以后，笑着说：“我竟然和樊哙这等人为伍。”高祖曾经和韩信闲谈，评论各位将领的才能各自能统率多少人。皇上问：“像我这样的人能够统率多少军队？”韩信说：“皇上不过能统率十万。”皇上又问：“那么你呢？”韩信回答：“我是越多越好。”高祖笑着说：“你多多益善。为什么被我擒获了呢？”韩信：“陛下不能统率士兵，却善于驾驭将领，这就是韩信所以被陛下擒获的缘故。况且陛下是天授予的，不是人力所能达到的。”

陈豨被任命为巨鹿的郡守，来跟淮阴侯辞别。淮阴侯拉着他的手，避开随行人员，和他在庭院里散步，仰天长叹，说：“有些话可以跟你谈吗？我想跟你谈谈。”陈豨说：“只听将军吩咐。”淮阴侯说：“你将要去的是天下精兵聚集的地方。你，是陛下最信任、宠爱的大臣。若有人告你叛乱，陛下一定不相信；若再有人告你叛乱，陛下就会产生怀疑；若第三次有人告你叛乱，陛下一定发怒并亲自出马讨伐你。那时我在宫中配合你，就可以得到天下了。”陈豨平时了解他的才能，很相信他，说：“我一定听从你的指教。”汉王十年（公元前197年），陈豨果然反叛。皇上亲自率军前往平叛，韩信称病没有随从，偷偷派人到陈豨军营，告诉他：“你只管起兵，我在京城协助你。”韩信与家臣们谋划，打算晚上假传诏令特赦囚犯和奴隶，发动他们去袭击吕后和太子。部署完毕，只等待陈豨的消息。有个门客得罪了韩信，韩信把他关起来，想杀掉他，门客的弟弟向上告发，把韩信准备叛乱的消息报告了吕后。吕后想召见他，又担心他不肯就范，就与相国萧何商量对策，假装派人从皇上那里来，说陈豨已被处死，列侯群臣都来庆贺。萧相国骗韩信说：“你即使有病，还是勉强来祝贺吧。”韩信就去了，吕后派武士将韩信捆住，将他在长乐宫的钟室里斩首。韩信临斩时，说：“我后悔没有用蒯通的计谋，才至于被小人、女人所欺骗，这不是天意吗？”接着又杀害了韩信的三族。【3】

高祖已经从讨伐陈豨的军中回来，到了京城，听见韩信已死的消息，又高兴又怜惜他，问道：“韩信死时说了什么？”吕后说：“韩信说，悔恨没有采用蒯通的计策。”高祖说：“蒯通是齐国的辩士。”于是下诏令让齐国抓捕蒯通。蒯通到了京城，皇上说：“是你教淮阴侯反叛的吗？”蒯通回答：“是，我本来是教过他。那小子不用我的计策，所以让自己在这里灭族。如果那小子用了我的计策，陛下怎么能将他灭族呢！”皇上怒道：“烹了他！”蒯通说：“唉，烹了我可太冤枉了！”皇上说：“你教韩信反叛，哪里冤枉？”蒯通回答说：“秦国的法度败坏，政权瓦解，山东地区大乱，各路诸侯纷纷起事，英雄豪杰一哄而起。秦国丧失了政权，天下人都来争夺

【3】

它，所以才能高腿脚快的人可以先得到它。盗跖的狗对着尧吠，并不是尧不仁义，狗本来就会对不是自己主人的人吠。在那个时候，我只知道韩信，不知道陛下。而且天下兵刃精良手持利刃想成为陛下的人很多，只不过力量达不到而已。您又能把这些有邪念的人全都烹了吗？”高祖说：“放了他。”于是赦免了蒯通的罪过。

太史公说：我到淮阴去，淮阴人对我说，韩信还是平民的时候，志向就与众不同。他的母亲死时，家里贫穷没有葬她的东西，但是韩信寻求高敞的墓地，好让墓地旁可安置万户人家。我去看他母亲的墓地，的确如此。如果韩信学会谦虚忍让，不夸耀自己的功绩，不以自己的才能而骄傲，那么他在汉朝的功绩可以同周公旦、召公奭、太公吕尚等人相比，后代祭祀不绝。可是他没有这样做，当天下平定时，却阴谋叛乱，得到夷灭三族的下场，难道不是应该的吗？

知识拓展

传檄而定

释义：檄：讨敌文书。不待出兵，只要用一纸文书，就可以降服敌方，安定局势。

出处：《史记·淮阴侯列传》：“今大王举而东，三秦可传檄而定也。”

案甲休兵

释义：停止战事，休养士卒。

出处：《史记·淮阴侯列传》：“方今为将军计，莫如案甲休兵，镇赵抚其孤。”

兵贵先声/先声后实

释义：用兵贵在先以自己的声势震慑敌人。

出处：《史记·淮阴侯列传》：“兵固有先声而后实者，此之谓也。”

败军之将

释义：打了败仗的将领。现多用于讽刺失败的人。

出处：《史记·淮阴侯列传》引《吴越春秋·勾践入臣外传》：“臣闻败军之将，不可以言勇；亡国之大夫，不可以图存。”

知识拓展

不可胜计

释义：不能全部计算完，形容数量极多。

出处：《史记 · 淮阴侯列传》：“且三秦王为秦将，将秦子弟数岁矣，所杀亡不可胜计。”另见于《战国策 · 韩策一》。

拔帜易帜 / 拔赵帜易汉帜

释义：拔掉别人的旗帜，换上自己的旗帜。多比喻取而代之。

出处：《史记 · 淮阴侯列传》：“赵见我走，必空壁逐我，若疾入赵壁，拔赵帜，立汉赤帜。”

背水一战

释义：在不利情况下和敌人决战。比喻面临绝境，为求得出路而作最后一次努力。

出处:《史记·淮阴侯列传》:“信乃使万人行，出，背水陈。……军皆殊死战，不可败。”

多多益善

释义：形容一样东西或人等越多越好。

出处：《史记 · 淮阴侯列传》：“上问曰：‘如我能将几何？’信曰：‘陛下不过能将十万。’上曰：‘子有何如？’曰：‘臣多多而益善耳。’”

知识拓展

万无一失

释义：失：差错。指非常有把握，绝对不会出差错。

出处：《史记·淮阴侯列传》："成败在于决断，以此参之，万不失一。"

为德不卒

释义：卒：完毕，终了。指没有把好事做到底。

出处：《史记·淮阴侯列传》："公，小人也，为德不卒。"

相持不下

释义：双方对立，彼此相持，不肯让步。

出处：《史记·淮阴侯列传》："燕齐相持而不下，则刘项之权未有所分也。"

为民请命

释义：为老百姓请求保全生命或解除痛苦。泛指替百姓说话。

出处：《史记·淮阴侯列传》："因民之欲，西乡为百姓请命，则天下风走而响应矣。"

史记卷九十三

韩信卢绾列传

扫描二维码
阅读本篇原文

韩信　卢绾　汉高祖　陈豨

韩王韩信，是原韩襄王的庶孙，身高有八尺五寸。到项梁拥立楚王后代楚怀王的时候，燕国、齐国、赵国、魏国在这之前都已经有了王，唯有韩国没有后继的王，所以立了韩国庶出的公子横阳君韩成为韩王，想靠他来安抚韩国旧地的百姓。项梁战败，死在定陶，韩成投奔楚怀王。沛公率兵攻打阳城，叫张良以韩国司徒的身份攻下韩国原有领地，得到了韩信，沛公封他为韩国将军，韩信率领他的军队跟随沛公进入武关。

沛公被封为汉王，韩信跟随他进入汉中。韩信就劝说汉王道："项王封诸将为王都在离家乡近的地方，而大王偏偏远居在这里，这是降职呢。士兵们都是山东一带的人，踮着脚尖盼望回家乡，趁着他们锐气正盛时向东进军，可以争得天下。"汉王从汉中回兵关中，平定了三秦，就许诺韩信当韩王，先封韩信做韩国的太尉，率领军队夺取韩国地盘。

项羽所封的诸侯王都到达所封的地方，韩王韩成因为没有跟随作战，没有战功，就不让他到封地去，改封他为列侯。等到听说汉王派韩信夺取韩地，就叫原先项羽在吴地游历时的吴县县令郑昌做韩王去抵抗汉军。汉高帝二年（公元前205年），韩信夺取平定了韩地十几个城池，汉王来到黄河以南，韩信猛攻韩王郑昌于阳城。郑昌投降，汉王就立韩信为韩王，经常带领韩军跟随着他。汉高帝三年（公元前204年），汉王撤出荥阳，韩王韩信、周苛等人留守荥阳。等到楚军攻破荥阳，韩信降了楚，不久就逃了出来，又归附汉王，汉王再立他为韩王，终于跟随汉王打败了项羽，平定了天下。汉高帝五年（公元前202年）春天，汉王就同韩信剖符为凭立他为韩王，统领颍州郡。

第二年春天，皇上认为韩信有雄才伟略，所管辖的地区北边靠巩、洛，南边逼近宛、叶，东边有淮阳，都是可以驻扎强大军队的地方，于是就下令迁移韩王韩信去管辖太原郡以北，防备和抵御匈奴，建都晋阳。韩信上书皇上说："韩国靠近边界，匈奴屡次侵入，晋阳离边界险要的地方较远，请让我把国都设在马邑。"皇上允许了他，韩信就将治所迁到马邑。这一年秋季，匈奴冒顿（mò dú）单于重重包围了韩信，韩信几次派遣使者到匈奴求和。汉王发兵去援救他，又怀疑韩信背地里多次派遣使者，是有异心，便派人指责韩信。【4】韩信怕杀头，于是和匈奴约定共同攻汉，决定叛汉，马邑归降匈奴，去进攻太原。

汉高帝七年（公元前200年）冬季，皇上亲征，在铜鞮打败韩信的军队，杀掉了他的部将王喜。韩信逃亡到匈奴。他的部将白土县人曼丘臣、王黄等拥立赵王的后代赵利为王，又收集韩信散兵余部，同韩信以及冒顿合谋攻汉。匈奴派左右贤王率领一万多骑兵与王黄等驻军广武以南，到了晋阳，与汉军交战，汉军大败了他们，追击他们到离石，又把他们打败。匈奴又聚集军队在楼烦西北，汉王命令战车和骑兵打败了匈奴。匈奴军队总是败逃，汉军乘胜追击败逃的军队，

【4】

听说冒顿在代谷，汉高帝在晋阳，派人侦察冒顿，回报说：“可以进攻。”皇上就去到平城。皇上登上白登山，匈奴骑兵把他包围起来，皇上就派人赠送厚礼给阏氏（yān zhī）[1]。阏氏就劝说冒顿说：“即使得到汉地，还是不能居住，况且两个君主不应该互相危害。”过了七天，匈奴骑兵逐渐退去。当时天大雾，汉军派人在白登山和平城之间往来，匈奴没有察觉。护军中尉陈平对皇上说：“匈奴军队里只有弓矛，没有仪仗设施，请下令在每张强弓上向外搭上两支箭，从容地撤出包围。”进入平城以后，汉军救兵也来到了，匈奴骑兵于是就解围退去。汉军也收兵回朝。韩信为匈奴率兵往来侵扰边境。

汉高帝十年（公元前 197 年），韩信叫王黄等人游说陈豨造反。十一年（公元前 196 年）春天，原韩王韩信又与匈奴骑兵侵入参合，抗击汉朝，汉军派将军柴武迎击他们，并给韩信写信说道：“陛下宽厚仁爱，诸侯虽有叛逃的，只要能再回来，总是恢复原来的爵位封号，不杀害。这是大王所知道的。现在大王因为战败逃亡到匈奴，不是大罪，赶快自己回来吧！”韩王韩信回报说：“陛下提拔我，从平民百姓到南面称王，这是我的幸运。荥阳大战，我不能以身殉职，被项羽俘虏，这是一罪。到敌寇进攻马邑，我没有能坚守住，拿城池投降了敌人，这是第二条罪。如今反为敌人带兵，与将军争早晚难保的性命，这是第三条罪。文种、范蠡没有一条罪，都死的死，逃的逃。如今对于陛下我有三罪，还要想活在世上，这是伍子胥在吴国遭受不幸的原因啊。现在我逃

① 阏氏：匈奴王后。

避在山谷之间，早晚依靠蛮夷[①]，维持生路。我想回去，就好像瘫痪的人盼起身行走，瞎眼的人盼望能看见，形势不允许啊！”于是就交战。将军柴武血洗参合城，杀掉了韩王韩信。

韩信投靠匈奴的时候，是和太子同行的。到了穨（tuí）当城，韩信得了一个儿子，因而取名叫穨当。韩太子也得了一个儿子，取名叫婴。到孝文帝十四年（公元前166年），韩穨当和韩婴率领部下归降汉朝。汉朝封韩穨当为弓高侯，韩婴为襄城侯。在吴楚军叛乱时，弓高侯的军功超过其他将领。其爵位由儿子传到孙子，他的孙子没有儿子，就失去了爵位。韩婴的孙子因犯有不敬之罪，失去了侯爵之位。韩穨当的庶孙韩嫣，很受皇帝宠幸，名声和富贵都显扬于当世。他的弟弟韩说，再度被封侯，并多次担任将军，最后封为案道侯。儿子继承侯爵，一年多后因犯法被处死。又过了一年多，韩说的孙子韩曾被封为龙頟（é）侯，继为韩说的后代。

卢绾（wǎn）是丰邑人，与汉高祖刘邦同乡里。卢绾的父亲跟刘邦的父亲相友好，后来生儿子，高祖刘邦与卢绾同一天诞生，乡亲们抬着羊和酒给两家贺喜。等到高祖、卢绾长大，在一起读书，又相友好。乡亲称赞两家父辈友好，生儿子在同一天，长大又相友爱，再一次用羊和酒祝贺两家。高祖还是平民的时候，因有违法行为到处躲藏，卢绾总是跟随着东奔西走。等到高祖开始起兵沛县，卢绾以幕僚身份跟随，到汉中以后升为将军，经常陪伴在刘邦身边。跟随他东征项羽，以太尉的身份不离左右进出卧室。刘邦赏赐给卢绾的衣被、饮食，大臣们没有谁比得上的。即使是萧何、曹参

---

① 蛮夷：贬称匈奴。

等人，只是因为谋事受到尊重，至于与高祖的亲近程度，赶不上卢绾。卢绾被封为长安侯。长安就是原来的咸阳。

汉高祖五年（公元前202年）冬天，高祖打败了项羽，就让卢绾另率一支军队和刘贾一起攻打临江王共尉，打败了他。这年七月回军，又跟随高祖讨伐燕王臧荼，臧荼投降。高祖安定了天下，诸侯中不是刘氏家族而做了王的有七个人[①]。高祖要封卢绾为王，怕群臣不满埋怨。等到俘虏了臧荼以后，就通告将相列侯们，选择群臣中有功的封为燕王。群臣知道皇上想要封卢绾，都说道："太尉长安侯卢绾经常跟随皇上平定天下，功劳最多，可以当燕王。"皇上发文告批准。汉高祖五年八月份，就立了卢绾为燕王。诸侯王都不如燕王得到宠信。

汉高祖十一年（公元前196年）秋天，陈豨在代地反叛，高祖到邯郸攻打陈豨的军队，燕王卢绾就攻打它的东北面。正当这个时候，陈豨派王黄向匈奴求救。燕王卢绾也派他的臣下张胜到匈奴，说陈豨等人的军队已被打败。张胜到匈奴，原燕王臧荼的儿子臧衍逃亡到匈奴，拜会张胜说："您之所以被燕国尊重，在于熟悉匈奴。燕国之所以能够长久存在，在于诸侯屡屡反叛，连年打仗不能解决。现在您为了燕国想很快地灭掉陈豨等人，陈豨等灭亡以后，按次序也轮到了燕国，你们也将要做俘虏了。你为什么不叫燕王暂且放松陈豨而与匈奴讲和呢？事情留有余地，就能在燕国长久称王，如果汉朝有紧急情况，燕国也能以此安定国家。"张胜认为对，

① 即楚王韩信、韩王韩信、衡山王吴芮、淮南王英布、梁王彭越、越王张耳、燕王臧荼。

就私下叫匈奴帮助陈豨攻击燕国。燕王卢绾怀疑张胜与匈奴勾结反叛，就上书请求朝廷灭掉张氏家族。张胜回来后，详细说明之所以要这样做的原因。燕王才清醒过来，就假装判处其他人，以开脱张胜的家属，使得他们能成为匈奴的间谍，又偷偷派范齐到陈豨的住所，想让他长期反叛，连年打仗而不作决战。

汉高祖十二年（公元前 195 年），东征黥布，陈豨经常带兵居留在代地，汉高祖派樊哙攻打并杀掉了陈豨。陈豨的副将投降，说燕王卢绾派范齐到陈豨驻地通告计谋。高祖派遣使者召卢绾，卢绾称病不来。皇上又派辟阳侯审食其、御史大夫赵尧前往迎接燕王，顺便找燕王身边左右的人对证。卢绾更加害怕，躲在屋里闭门不出，对他的宠臣说："不是刘氏家族而封王的，只有我和长沙王了。去年春天，汉王杀了淮阴侯全家，夏天，又杀了彭越，都是吕后的计谋。如今皇上有病，嘱托吕后掌权。吕后是个女人，专想找理由杀异姓王和大功臣。"【5】于是卢绾就称病不动身。他的近臣都逃亡躲藏。他说的这些话有些泄漏，辟阳侯听见了，回去都报告了皇上，皇上更加恼怒。又抓获匈奴投降的人，这人说张胜逃亡在匈奴，充当燕国的使者。于是皇上说："卢绾真的反叛了呀！"就派樊哙攻打燕国。燕王卢绾带着他的全部宫人家属以及骑兵几千入驻在长城下，等待观望，希望皇上病愈，自己再去请罪。四月份，汉高祖逝世，卢绾就带领着他的部下逃入匈奴，匈奴封他做东胡卢王。卢绾遭受匈奴欺凌，常常想回归汉朝，一年以后，他死在匈奴。

在高后当政时，卢绾的妻子儿女逃出匈奴归降汉朝，正

【5】

赶上高后病重，不能相见，住在了燕王的府邸，准备设宴款待。直到高后去世，也未能见面，卢绾的妻子也因病去世了。

汉景帝中元六年（公元前 144 年），卢绾的孙子卢他之以东胡王的身份归降汉朝，被封为亚谷侯。

陈豨是宛朐人，不知当初是什么时候开始跟从高祖。到高祖七年冬天，韩王韩信反叛，逃入匈奴，皇帝从平城回来，封陈豨为列侯，以赵国相国的身份率领督统赵国、代国的边防部队，这一带戍卫边疆的军队统归他管辖。

陈豨曾休假回乡路过赵国，赵相国周昌看到陈豨的随行宾客有一千多辆车子，把邯郸所有的官舍全部住满。而陈豨对待宾客用的平民百姓之间的交往礼节，而且总是谦卑恭敬，屈己待人。陈豨回到代国，周昌就请求进京朝见。见到皇帝之后，把陈豨宾客众多，在外独掌兵权好几年，恐怕会有变故等事全盘说出。皇帝就命人追查陈豨的宾客在财物等方面违法乱纪的事，其中不少事情牵连到陈豨。陈豨非常害怕，暗中派宾客到王黄、曼丘臣处通消息。到高祖十年（公元前 197 年）七月，皇帝的父亲去世了，皇帝派人召陈豨进京，但陈豨称自己病情严重。九月，便与王黄等人一同反叛，自立为代王，劫掠了赵、代两地。

皇帝听说之后，就一律赦免了被陈豨所牵累而进行劫掠的赵、代官吏。皇帝亲自前往，到达邯郸后高兴地说："陈豨不在南面占据漳水，北面守住邯郸，由此可知他不会有所作为。"赵相国上奏请求把常山的郡守、郡尉斩首，说："常山共有二十五座城池，陈豨反叛，失掉了其中二十座。"皇帝问："郡守、郡尉反叛了吗？"赵相国回答说："没反叛。"

皇帝说："这是力量不足的缘故。"赦免了他们，同时还恢复了他们的守尉职务。皇帝问周昌说："赵国还有能带兵打仗的壮士吗？"周昌回答说："有四个人。"然后让这四个人拜见皇帝，皇帝一见便破口大骂道："你们这些小子们也能带兵打仗吗？"四个人惭愧地伏在地上。但皇帝还是各封给他们一千户的食邑，任命为将。左右近臣谏劝道："有不少人跟随您进入蜀郡、汉中，其后又征伐西楚，有功却未得到普遍封赏，现在这几个人有什么功劳而予以封赏？"皇帝说："这就不是你们所能了解的了！陈豨反叛，邯郸以北都被他所占领，我用紧急文告来征集各地军队，但至今仍未有人到达，现在可用的就只有邯郸一处的军队而已。我何必要吝惜封给四个人的四千户，不用它来抚慰赵地的年轻人呢！"左右近臣都说："对。"于是皇帝又问："陈豨的将领都有谁？"左右回答说："有王黄、曼丘臣，以前都是商人。"皇帝说："我知道了。"于是各悬赏千金来求购王黄、曼丘臣等的人头。

高祖十一年（公元前 196 年）冬天，汉军在曲逆城下攻击并斩杀了陈豨的大将侯敞、王黄，又在聊城把陈豨的大将张春打得大败，斩首一万多人。太尉周勃进军平定了太原和代郡。十二月，皇帝亲自率军攻打东垣，但未能攻克，叛军士卒辱骂皇帝；不久东垣投降，凡是骂皇帝的士卒一律斩首，其他没骂的士卒则处以黥刑，在额头上刺字。把东垣改名真定。王黄、曼丘臣的部下所有被悬赏征求的，一律都被活捉，因此陈豨的军队也就彻底溃败了。

皇帝到达洛阳。皇帝说："代郡地处常山的北面，赵国却从山南来控制它，太遥远了。"于是就封儿子刘恒为代王，以中都为国都，代郡、雁门都隶属代国。

高祖十二年（公元前 195 年）冬天，樊哙的士卒追到灵丘把陈豨斩首。

太史公说：韩信、卢绾并不是一向积德累善的世家，而是侥幸于一时随机应变，以欺诈和暴力获得成功，正赶上汉朝刚刚建立，所以才能够分封领土，南面为王。他们在内由于势力强大而被怀疑，在外倚仗着外族做援助。因此日益被皇帝疏远，自陷危境，走投无路，无计可施，最终迫不得已投奔匈奴，难道不可悲吗！陈豨是梁地人，在他年轻的时候，每每称赞、倾慕魏公子信陵君；等到后来他率领军队守卫边疆，招集宾客，礼贤下士，名声超过了实际。周昌怀疑他，许多过失也就从这里产生了，他自己由于害怕灾祸临头，奸邪小人又趁机进谗言，于是终于使自己陷于大逆不道的境地。哎呀，太可悲了！由此可见，谋虑的成熟与否和成败如何，这对一个人的影响太深远了！

史记卷九十四
田儋列传

扫描二维码
阅读本篇原文

田儋　田荣　田横　汉王

田儋（dān）是狄县人，是过去齐王田氏家族的后裔。田儋的堂弟田荣，田荣的胞弟田横，都是卓越的人物，宗族强大，能得人心。

陈胜开始起兵、自立为楚王的时候，派遣周市（fú）夺取、平定魏地，向北打到了狄县，狄县令坚守县城。这时田儋就假意捆住他的奴仆，让一伙年轻人跟随着他到县衙，假托前来报告县令要杀掉奴仆，见到了县令，乘机杀掉县令，马上召集有权势的官员和年轻人说："诸侯都反抗秦朝自立为王，齐是古代受封而建立的国家。我田儋，本是田氏后裔，应当继承王位。"【6】于是自立为齐王，派兵抗击周市的军队。周市的军队退回去了，田儋于是率军队向东，夺取占领了齐的故地。

秦将章邯在临济围困住魏王魏咎，十分危急，魏王请求齐国援助，齐王田儋统率军队援救魏国。章邯夜间叫士兵衔枚袭击敌人，大破齐军、魏军，在临济城下杀了田儋。田儋的堂弟田荣收集田儋余部向东撤退到东阿。

齐国人听说齐王田儋已死，就立原齐王田建的弟弟田假为齐王，田角做相国，田间做将军，来对抗其他诸侯。

田荣败走东阿时，章邯追上了他并且把他围住。项梁听说田荣危急，就带兵在东阿城下打败章邯，章邯向西逃跑，项梁乘势向西追击。而田荣恼怒齐国人立田假为王，就带兵

转回来，赶走齐王田假。田假逃亡到楚国，相国田角逃亡到赵国，田角的弟弟田间在此之前已到赵国请救兵，也因此留在赵国不敢回来。田荣就立田儋的儿子田市为齐王，田荣做相国，田横做将军，平定了齐地。

项梁追击章邯以后，章邯兵力日益强盛，项梁派遣使者告诉赵国、齐国，要求发兵共同攻击章邯。田荣说："只要楚国杀掉田假，赵国杀掉田角、田间，我就出兵。"楚怀王说："田假是友好国家的王，在处境艰难时来投靠我，杀掉他是不讲道义的。"赵国也不答应杀田角、田间来与齐国做交易。齐国使者说："蝮蛇咬了手就砍掉手，咬了脚就砍脚，为什么呢？因为有害于身体。现在田假、田间、田角对于楚国、赵国来说，谈不上手足的亲近关系吧，为什么不能杀呢？况且秦朝一旦再统治天下的话，就会挖掘我们这些人的祖坟啊。"楚国、赵国仍然不听劝告，齐国也恼怒，始终不肯出兵。章邯果然击败、杀掉了项梁，击败了楚军。楚军向东退走，章邯就渡过黄河在巨鹿围住赵军。项羽前往援救赵军，从此怨恨田荣。

项羽保全了赵国，招降了章邯等人，又向西进军血洗咸阳，灭亡了秦国，大封诸侯。改封齐王田市为胶东王，在即墨建都，齐国将军田都跟随项羽一起救助过赵国，顺势进入关中，所以立田都为齐王，建都临菑。原齐王田建的孙子田安，在项羽在渡黄河援救赵国的时候，田安攻下了济北几个城，带兵归降项羽，项羽就立田安为济北王，建都博阳。田荣因为背叛项梁，不肯出兵帮助楚军、赵军攻击秦军，所以就没有被封为王；赵国将领陈馀因为失职不被封王，他们俩都怨恨项羽。

项羽回到自己的领地，诸侯各自到达封国，田荣派人带兵帮助陈馀，让他在赵地反叛项羽。同时田荣也发兵抗击田都，田都逃亡到楚国。田荣扣留住齐王田市，不让他去胶东；田市的亲信说："项王刚强暴戾，大王应当前去胶东，不到封地，定会有危险。"田市害怕，就偷偷地逃跑到封地去了。田荣大怒，马上追击，在即墨杀掉了田市。转回以后，又攻击济北王田安，并且把他杀掉。于是田荣就自立为齐王，兼并了三齐的地盘。

项羽知道了这件事，非常生气，就出兵向北攻打齐国。齐王田荣被打败，逃到平原，平原的人杀掉了田荣。项羽于是烧毁、削平了齐国城郭，凡经过的地方都遭到屠杀。齐国人联合起来反叛他。田荣的弟弟田横收集散兵残部，得到好几万人，在城阳反击项羽。这时汉王率领诸侯打败了楚军，进入彭城。项羽听到这消息，就放弃攻打齐军而返回，在彭城攻击汉军。随即连续与汉军作战，两军在荥阳对峙。因此田横得以乘机收复齐国城镇，立田荣的儿子田广为齐王，田横做相国，统管国家政务，国事无论巨细都由相国决断。

田横平定齐地三年，汉王派遣郦食其前来游说，劝齐王田广以及相国田横降汉。田横认为可以，解除了在历城的戒备。汉将韩信领兵将要向东攻打齐国。齐国本来派华无伤、田解在历城驻军来抵御汉军，汉的使者到来，就停止了防守作战的准备，纵情饮酒，还派使者与汉讲和。汉将韩信已平定赵国、燕国，采用蒯通的计谋，渡过平原津，采用偷袭，打败了齐国历城的守军，乘势攻入临菑。齐王田广，相国田横大怒，认为是郦食其出卖了他们，就对他施用了烹死的酷刑。齐王田广向东逃到高密，相国田横逃到博阳，代理相国田光逃到城阳，将军田既驻军胶东。楚军派龙且援救齐军，齐王与龙且在高密会师。汉将韩信与曹参打败并杀死了龙且，俘虏了齐王田广。汉将灌婴追击并俘虏了齐国守相田光。灌婴继续进军到博阳。这时田横听说齐王田广已死，就自立为齐王，回来攻击灌婴。灌婴在嬴城击败田横的军队。田横逃亡到梁地，投靠彭越。彭越这时占据梁地，持中立态度，既想帮汉王，又想帮楚王，韩信已杀掉了龙且，就命令曹参进军，在胶东将田既击败并杀掉了他，又派灌婴在千乘击败了齐将田吸，并将他杀掉。韩信于是平定了齐国，请求汉王让他当代理齐王，汉王顺势答应了他。

一年多以后，汉王消灭了项羽，汉王自立为皇帝，封彭越做梁王。田横害怕高皇帝杀他，就和他的部属五百多人逃进大海，住在岛上。高皇帝闻讯，认为田横几兄弟本来平定了齐地，齐地有德有才的人都归附他们，现在他们在海岛上如果不招抚，恐怕以后会出乱子，就派遣使者前去赦免田横的罪，并召他进京。田横推辞说："我烹死了陛下的使者郦食其，听说现在他的弟弟郦商是一个很贤能的汉朝将领，我有些害怕，不敢奉诏进京，我愿当个老百姓，守卫海岛。"【7】使者回来报告。高皇帝就召郦商说道："齐王田横如果来，敢动他的随从人马的将获灭族之罪！"于是又派使者拿着符节把皇上指示郦商的话都讲清楚，并说道："田横如果来了，最高的官爵是王，最低的也是侯；如果不来，就要出兵加以诛伐。"田横就与他的两个宾客乘坐四匹下等马拉的驿车到洛阳。

距离洛阳还有三十里，到达尸乡驿站，田横婉言告诉使者说："人臣见天子应当沐浴。"于是住下不走了。又对他的宾客说："我和汉王最初都曾南面称王，如今汉王成为天子，

【7】

而我却成为流亡的贱人，还要面北侍奉他，这耻辱本来够大的了。何况我又烹死了人家的哥哥，又与他的弟弟肩并肩地共事他的主子，纵然他害怕天子的命令不敢动我一下，而我难道不于心有愧吗？再说皇上想见到我的原因，不过是想看看我的容貌罢了。如今皇上在洛阳，现在割下我的头，急驰三十里，面目神态还不会改变，还可以观看。”说罢就以刀割颈死，让宾客捧着他的头，跟随使者坐上快车奔驰，报告了高皇帝。高皇帝说：“唉，原来是这样啊！他从平民起家，兄弟三人相继为王，难道不是贤德的人吗？”说罢为他流下了眼泪，于是任命他的两个宾客为都尉，调两千士兵，以王的礼仪安葬田横。

安葬完毕，两个宾客在田横坟旁挖个坑，自刎而死，倒进坑里随田横去了。高皇帝听说后，就非常吃惊，认为田横的宾客都贤德。高皇帝说：“我听说还有五百人在海岛上，派使者去招安他们。”使者到了那里，他们听说田横已经死了，也都自杀了。从这里可知田横兄弟是很得有才之人的心的。

太史公说：蒯通的计谋够厉害的，乱了齐国田横，使淮阴侯骄傲，终于害死了这两个人！蒯通这个人能言善辩，议论战国形势之权宜机变，写了八十一篇文章。蒯通与齐人安期生很友好。安期生曾想投靠项羽，项羽没有采用他的计谋。后来项羽想封赏这两个人，两人始终不肯接受，逃离而去。田横的高风亮节，使宾客仰慕他的义气而跟随他去死，难道不是最贤德的人吗！我因此写在列传里，不是没有善于谋划的人，而是没有人能谋划好田横之事，什么原因呢？

史记卷九十五

樊郦滕灌列传

扫描二维码
阅读本篇原文

樊哙　项羽　沛公　郦商　夏侯婴　灌婴

舞阳侯樊哙，是沛县人。他以宰狗为职业，曾与高祖一起避祸。【8】

起初，樊哙跟随高祖在丰城起兵，攻下沛县。高祖自称沛公，用樊哙做舍人。跟随沛公攻打胡陵、方与，然后返回驻守丰城，在丰城一带打败了泗水郡守的军队。又向东平定了沛县，在薛县打败泗水守军，在砀县同司马尼作战，击退了敌军，斩了十五个首级，沛公赐给他国大夫的爵位。他经常跟随沛公左右，沛公在濮阳攻打章邯的部队，樊哙攻城时首先登上去，斩了二十三个首级，沛公赐给他列大夫的爵位。又跟随沛公攻打城阳，樊哙首先登城，占领户牖，击破李由的军队，斩获十六个首级，沛公赐给他上闻①的爵位。他跟随沛公在成武县围攻东郡郡守和郡尉，击退敌军，斩获十四个首级，捕虏十一个人，被赐予五大夫的爵位。跟随沛公攻打秦军，从亳城以南出发，在杠里击破河间郡守军。在开封县北击破赵贲的军队，樊哙因为打退敌军首登城墙，杀死军官一名，斩获六十八个首级，俘虏二十七人，被赐予卿的爵位。他跟随沛公在曲遇击破杨熊的军队。在攻打宛陵时，樊哙首先登上城墙，斩首八级，俘虏四十四人，沛公赐给他爵位封号贤成君。他跟随沛公攻打长社，轘（huàn）辕，封锁黄河

① 上闻：一作“上间”，爵位名，不在二十等爵位之内。

渡口，向东在尸乡攻打秦军，向南在犨（chōu）城攻打秦军，在阳城击破南阳郡守吕齮。又向东攻打宛城，首先登上城墙。向西到郦县，因为击退敌军，斩首二十四级，俘虏四十人，沛公赐给他很重的封赏。攻打武关，一直打到霸上，杀死一名都尉，斩首十级，俘虏一百四十六人，投降兵士二千九百人。

项羽在戏下，想要攻打沛公。沛公带领一百多个骑兵通过项伯面见项羽，向项羽谢罪，说明没有封锁关口的事。项羽用酒肉款待将士，酒喝得畅快，亚父想谋杀沛公，派项庄在酒席上舞剑，想趁机杀死沛公，项伯常常掩护沛公。这时只有沛公和张良能够在酒席上入座，樊哙在营外听说事情危急，就手拿铁盾闯进军营。军营门卫阻拦樊哙，樊哙直接撞入，站立在帐幕下。项羽看见他，问他是什么人。张良说："沛公的陪乘樊哙。"项羽说："壮士。"赐给他一盅酒和一只猪腿。樊哙喝完酒，就拔出剑切肉，把它全吃完了。项羽问："还能喝吗？"樊哙说："我死都不怕，难道唯独怕一盅酒！况且沛公先进入咸阳，露营霸上，等待大王的到来。大王今天一到，偏听小人的谗言，与沛公有了隔阂。我担心天下分裂，心里对大王有疑心。"项羽沉默不语。沛公起身去厕所，示意樊哙一起离开。出军营后，沛公留下车骑，只骑了一匹马，樊哙等四人步行跟随，从山间小道跑回霸上军营，而派张良辞谢项羽。项羽也因为顺心遂意，没有诛杀沛公的念头了。这天如果没有樊哙闯入营帐谴责项羽，沛公几乎会有生命危险了。

第二天，项羽进入咸阳，大肆烧杀，封沛公为汉王。汉王赐樊哙列侯的爵位，称为临武侯，后来被提升为郎中，跟随汉王进入汉中。

汉王回军平定三秦，樊哙另率领一支部队在白水北面攻打西县县丞的军队，在雍县南面打败了雍王的轻便车骑，跟随汉王进攻雍县、斄（tái）城，首先登上城墙。在好畤（zhì）攻打章平的军队，攻城时冲锋陷阵，首先登上城墙，斩杀县令、县丞各一人，斩获十一颗首级，俘虏二十人，被提升为郎中骑将。跟随汉王在壤乡东面攻打秦军的车骑军队，打退了敌军，被提升为将军。樊哙率军进攻赵贲，占领郿县、槐里、柳中、咸阳，引水灌废丘，樊哙的功劳最大。到了栎（yuè）阳，汉王把杜县的樊乡作为食邑赐给樊哙。跟随沛公攻打项羽，在煮枣屠城。在外黄击破王武、程处的军队。接着进攻邹县、鲁县、瑕丘县、薛县，项羽在彭城打败汉王，全部收复鲁、梁地区。樊哙回到荥阳，沛公又赐给他平阴县二千户作食邑，以将军的身份驻守广武一年。随后，项羽率军东进，樊哙跟随高祖追击项羽，占领阳夏，俘虏周将军的士兵四千人，又在陈县围攻项羽，大败楚军，血洗了胡陵。

项羽死后，汉王做了皇帝，因为樊哙坚守城县，作战勇敢，有功劳加封食邑八百户。樊哙跟随高帝攻打反叛的燕王臧荼，俘虏了臧荼，平定了燕地。楚王韩信发动叛乱，樊哙跟随沛公到达陈县，俘虏了韩信，平定了楚国。沛公又赐给他列侯的爵位，与诸侯王同剖符[①]，世代相传，赐给他舞阳作为食邑，称他为舞阳侯，免除了以前所封给他的城邑。他以将军的身份跟随高祖在代地攻打反叛的韩王信，从霍人一直打到云中，与绛侯等一起平定了代地，又给他增加食邑一千五百户。因为攻打陈豨和曼丘臣的部队，在襄国激战，攻破了柏人县，首先登城，平定了清河郡、常山郡的一共二十七个县，摧毁了东垣县，被升为左丞相。在无终县和广昌县击破綦毋印和尹潘的军队，在代地南部打败了陈豨的部将匈奴人王黄的部队，趁机在参合县袭击韩信的军队。樊哙的部将杀死韩王信，在横谷县打败了陈豨的匈奴骑兵，杀死将军赵既，俘虏了代

① 剖符：封功臣时，把表示凭证的符分成两半，朝廷和被封的人各一半，以示信用。

国的丞相冯梁、郡守孙奋、大将王黄以及将军、太仆解福等十人，他与其他将领们共同平定了代地七十三个乡邑。后来燕王卢绾叛乱，樊哙以相国的身份攻打卢绾，在蓟县南面打败卢绾的相国抵平定燕地，一共有十八个县，五十一个乡邑。沛公给樊哙增加食邑一千三百户，把舞阳的五千四百户确定为他的食邑。樊哙跟随沛公，一共斩首一百七十六级，俘虏二百八十八人，另外，他打垮七支军队，占领五座城市，平定六郡和五十二个县，俘虏丞相一人，将军十二人，二千石以下至三百石以上的官员十一人。

樊哙娶吕后的妹妹吕媭为妻，生了儿子樊伉。所以，他比起其他将领最亲近沛公。

起初，黥布叛乱时，高祖一度病得很厉害，厌恶见到任何人，躺在内宫，命令守门者不要让任何大臣进入。绛侯、灌婴等没有人敢进去。十多天后，樊哙就推门闯进去，其他大臣跟随在他后面。皇上独自枕着一个宦官躺着，樊哙等人看见皇上流着眼泪说："先前陛下带领我们在丰城、沛县起兵，平定天下，是多么强壮啊！现在天下已经平定，陛下又是多么疲惫啊！况且陛下病得很厉害，大臣们都感到惊恐，陛下不召见我们商议国事，反倒独自与一个宦官诀别吗？难道陛下没有看到赵高的事情吗？"高帝笑着起来了。

后来，卢绾叛乱，高帝派樊哙以相国的身份攻打燕国。当时，高帝病得很厉害，有人说樊哙勾结吕氏，如果皇上一旦逝世，樊哙就会率军杀害戚氏、赵王如意等人。高帝听说后很生气，就派陈平用车送绛侯代替樊哙统率军队，并在军中杀掉樊哙。陈平害怕吕后，将樊哙押送到长安。这时，高祖已经逝世，吕后释放了樊哙，给他恢复了爵位和食邑。

孝惠帝六年（公元前189年），樊哙去世，谥号为武侯。他的儿子樊伉继承了侯位，他的母亲吕媭也做了临光侯。吕后当时独揽大权，执掌国事，大臣们都很害怕她。樊伉继承侯位第九年，吕后去世，大臣们铲除了吕氏兄弟、吕媭的亲属，于是杀了樊伉。舞阳侯的爵位中间断绝了几个月。孝文帝即位后，这才又封了樊哙另一个庶出的儿子樊市人为舞阳侯，恢复了过去的封爵侯和食邑。樊市人做侯二十九年去世，谥号为荒侯。他的儿子樊他广继承侯位，过了六年，侯府的舍人被樊他广处罚，很怨恨他，就上书说："荒侯樊市人有病不能生育，让他的夫人与他的弟弟乱伦才生了樊他广，樊他广不是荒侯的儿子，不应当继承侯位。"皇帝命令转交给下面的官员。孝景帝中元六年（公元前144年），樊他广被取消侯位，成了平民百姓，这个封国也被废除了。

曲周侯郦商，是高阳人。陈胜起义时，郦商聚合一伙年轻人四处拉兵，得到数千人。沛公攻城至陈留县，六个月以后，郦商率领四千将士在岐地归附沛公。他跟随沛公攻打长社，首先登城，沛公赐给他爵位，封号信成君。他跟随沛公攻打缑（gōu）氏，封锁黄河渡口，在洛阳的东部打败了秦军。他跟随沛公攻占了宛城、穰城，平定了十七县，他又派兵攻打旬关，平定了汉中。

项羽灭亡了秦国，封沛公为汉王。汉王赐郦商信成君的封号，以将军的身份做陇西都尉。他又率兵平定了北地、上郡，在焉氏（zhī）县击破了雍王章邯的军队，在栒邑县击败了周类的军队，在泥阳城击败了苏駔（zǎng）的军队。沛公赐给他武成六千户作食邑。郦商以陇西都尉的身份跟随沛公攻打项羽的军队达五个月，从巨野县出发与钟离眛交战，作战勇敢，沛公授予他梁王相国的大印，增加食邑四千户。郦商以梁国相国的身份跟随汉王攻打项羽达两年零三个月，攻取胡陵。

项羽死后，汉王称帝。这年秋天，燕王臧荼叛乱，郦商以将军的身份跟随沛公攻打臧荼，在龙脱一带作战，首先登城攻破敌军，在易县一带打败臧荼的军队，击退了敌军，被提升为右丞相，赐给他列侯的爵位，与诸侯剖符分封，世代相传，得到涿县五千户作食邑，封号为涿侯。他以右丞相身份率军平定上谷郡，趁机攻占了代国，接受了高帝授予的赵相国的大印。郦商以右丞相和赵相国的身份又同绛侯一起平定了代国和雁门郡，俘虏了代国丞相程纵、郡守相国郭同，将军以下至六百石级官员十九人。返回京城，郦商以将军身份担任太上皇的卫士达一年零七个月。郦商以右丞相身份攻打陈豨，摧毁了东垣。又以右丞相身份跟随高帝攻打黥布，进攻他的前沿阵地，攻破了两个阵地，从而打败了黥布的军队，改封曲周的五千一百户作食邑，免除以前所封的食邑。郦商一共打败了三支军队，平定了六郡、七十三县，俘获丞相、守相、大将各一人，小将二人，二千石以下至六百石级官员十九人。

郦商侍奉孝惠帝和吕后时，病重不能理事。他的儿子郦寄，字况，与吕禄要好，到高后死后，大臣们想要诛杀吕氏家族。吕禄担任将军，驻扎在北军军营。太尉周勃不能进入北军军营，于是就派人挟持郦商，让他的儿子郦况去诱骗吕禄，吕禄听信了郦况的话，所以与他出去游玩，因而太尉周勃才得以进入军营，控制北军，于是诛杀了吕氏家族。这年郦商去世，谥号为景侯。他的儿子郦寄继承侯位。天下的人都说郦况见利忘义，出卖朋友。

孝景帝前元三年（公元前 154 年），吴、楚、齐、赵等诸侯国谋反叛乱，皇帝任命郦寄为将军，围攻赵城，十个月还没有攻下来。等到俞侯栾布平定了齐国前来助战，才攻下了赵城，灭亡赵国，赵王自尽，封国被废除。孝景帝中元二年（公元前 148 年），郦寄打算娶孝景帝的岳母平原君为夫人，孝景帝大怒，把郦寄交给司法官吏去审理，判定他有罪，夺去侯爵爵位。孝景帝把郦商的另外一个儿子郦坚封为缪侯，以延续郦氏的后代。缪靖侯死后，他的儿子康侯郦遂成继位。郦遂成死后，他的儿子怀侯郦世宗继位。郦世宗死后，儿子郦终根继位，任太常，因为犯法，封国被废除。

汝阴侯夏侯婴，是沛县人，在沛县官府的马房掌管养马驾车。每次送使者或客人回来，经过沛县泗水亭与高祖谈天，没有不超过大半天的。夏侯婴不久做了县里的试用官吏，与高祖很要好。高祖打闹时误伤了夏侯婴，有人告发了高祖。高祖当时做亭长，伤人要受到重罚，高祖申诉说没有伤害夏侯婴，夏侯婴也证实这个事情。后来这个案子翻案，夏侯婴因为高祖的原因被关押了一年多，挨了几百板，最终因此开脱了高祖。

高祖起初和他的部下想攻打沛县，夏侯婴这时以县令史的身份替高祖出使，进入沛县的那天，高祖做了沛公，赐给夏侯婴七大夫的爵位，用他做太仆。跟随沛公攻胡陵，他与萧何一起招降泗水监平，泗水监平献出胡陵投降，沛公赐给夏侯婴五大夫的爵位。他跟随沛公在砀县以东攻打秦军，攻打济阳，占领户牖，在雍丘一带打败了李由的军队，他用兵车急攻猛战，沛公赐给他执帛[1]的爵位。他曾经以太仆的身份驾车跟随沛公在东阿、濮阳一带攻打章邯的军队，用兵车快攻速战，打败了章军，沛公赐给他执珪的爵位。他又曾经驾车跟随沛公在开封攻击赵贲的军队，在曲遇攻打杨熊的军队。夏侯婴的部下俘虏士兵六十八人，收降士兵八百五十人，得到一匣子官印。因为他又驾车跟随沛公在洛阳东面攻打秦军，用兵车快攻速战，沛公改赐给他滕公的封号。因为他又驾车跟随沛公攻打南阳，在蓝田、芷阳一带作战，用兵车快攻速战，至打到霸上，项羽率军赶到，消灭了秦国，封立沛公为汉王。汉王赐给夏侯婴列侯的爵位，封号昭平侯，又做太仆，跟随沛公进入蜀郡、汉中郡。

沛公回军平定三秦，夏侯婴跟随沛公攻打项羽。到达彭城后，项羽打得汉军大败。汉王失败后处境不利，很快地离开。路上遇见孝惠帝和鲁元公主，让他们坐上车。马已疲惫，追兵在后面追赶，汉王十分焦急，几次想用脚将两个小孩踢下车。夏侯婴几次将孩子抱起来，让他们坐在车上，慢慢行走，等两个孩子坐稳后马车才奔跑。汉王非常生气，一路上想杀夏侯婴有十几次，终于得到逃脱，把孝惠帝、鲁元公主送到丰城。

汉王到了荥阳，聚集残败的士兵，重新振作起来，汉王将祈阳赐给夏侯婴作食邑。他又驾车跟随沛公攻打项羽，追击到陈地，终于平定了楚地，到达鲁地，沛公增加兹氏给夏

---

① 执帛：爵位名，位置仅次于执珪。

侯婴作食邑。

汉王做了皇帝。这年秋天，燕王臧荼叛乱。夏侯婴以太仆的身份跟随沛公攻打臧荼。第二年，他跟随沛公到陈国，逮捕了楚王韩信。汉王把夏侯婴的食邑改到汝阴，剖符定封，世代相传。他又以太仆的身份跟随沛公攻击代国，一直打到武泉、云中，增加食邑一千户。接着跟随沛公在晋阳附近攻打韩王信的匈奴骑兵，把他们打得大败，追击败兵到了平城，被匈奴包围，七天不能突围。汉高帝派遣使者送厚礼给冒顿阏氏，冒顿才答应让开一条通道。汉高帝出城就想驱车快跑，夏侯婴坚持要慢慢行走，弓箭手都满拉着弓对着外面，终于得以脱身。汉高帝把细阳一千户加封给夏侯婴。夏侯婴又以太仆的身份跟随汉高帝在句注山北边抗击匈奴骑兵，大败匈奴。夏侯婴以太仆的身份带兵在平城南边攻打匈奴骑兵，三次攻破敌阵，功劳最多，汉高帝就赐给他所夺的城邑的五百户。夏侯婴以太仆的身份带兵打陈豨、黥布的军队，攻陷敌阵，打退敌兵，又得到食邑一千户。汉高帝决定将汝阴的六千九百户作为夏侯婴的食邑，免除以前所封的食邑。

夏侯婴自从皇上开始起兵沛县，长期担任太仆，一直到高祖逝世。又以太仆的身份侍奉孝惠帝，孝惠帝和吕后感激夏侯婴在下邑路上救了孝惠帝和鲁元公主，就赐给夏侯婴县城北面第一等的楼馆，名为“近我”，以表示对他格外地尊敬。孝惠帝逝世，夏侯婴以太仆身份侍奉吕后。吕后逝世，代王刘恒进京，夏侯婴以太仆身份和东牟侯刘兴居进宫清理宫廷，废去少帝刘弘，以皇帝的车驾去代王的宫邸迎接代王，与众大臣共同拥立他为孝文皇帝，夏侯婴仍做太仆，八年后去世，谥号为文侯。他的儿子夏侯竈（zào）继承侯位，七年后去世。儿子共侯夏侯赐继承侯位，三十一年后去世。儿子夏侯颇娶了平阳公主，承袭侯位十九年，元鼎二年（公元前 115 年）因为与侍奉他父亲的婢女通奸犯了罪，自杀而死，封国被取消。

颍阴侯灌婴是睢阳县的丝绢贩子。刘邦做了沛公，夺取城镇来到雍丘一带，章邯打败了项梁并杀了他，沛公回军于砀县。灌婴最初以中涓官①的身份跟随沛公，在成武打败了东郡郡尉的军队，又在杠里打败了秦军，战斗很激烈，沛公赐给灌婴七大夫的爵位。灌婴跟随沛公在亳南、开封、曲遇攻打秦军，全力攻击，沛公赐给灌婴执帛的爵位，称号是宣陵君。灌婴跟随沛公攻打阳武，向西到达洛阳，在尸乡北面击破秦军，向北封锁了黄河渡口，在南面的阳城东面打垮了南阳郡郡守吕齮的军队，安定了南阳郡。向西进入武关，在蓝田作战，急攻力战，来到霸上，沛公赐灌婴执珪的爵位，号称昌文君。

沛公被封为汉王，任命灌婴为郎中，灌婴跟随汉王进入汉中，十月间，任命灌婴为中谒者②。灌婴又跟随汉王回军平定了三秦，攻下栎阳，降服塞王司马欣。回军在废丘围住章邯，没有攻下。灌婴跟随汉王东出临晋关，击败降服了殷王司马卬，平定了他的地盘。攻打了项羽部将龙且、魏国相国项他的军队，在定陶南边经过激战，打垮了他们。汉王赐给灌婴列侯的爵位，号为昌文侯，把杜县的平乡赐给他做食邑。

灌婴又以中谒者的身份跟随汉王降服了砀县，到达了彭

---

① 中涓官：皇帝身边的亲近侍臣。

② 中谒者：皇帝身边管传达的官员。

城。项羽迎击，大破汉王军队。汉王向西而逃，灌婴也随着回来，驻军雍丘。王武、魏公申徒反叛，灌婴跟随汉王打垮了他们。又攻下了外黄县，西进收集散兵，驻军荥阳。楚军骑兵来得很多，汉王就在军队里选择可以当骑兵将领的人，大家都推荐原来秦军的骑士重泉人李必和骆甲，说他们熟习骑兵，现在是校尉，可以当骑兵将军。汉王打算任命他们，李必和骆甲说："我们原来是秦朝人，恐怕军队不信任我们，我们希望能得到大王身边善于骑射的人辅助他。"灌婴虽然年轻，但屡次勇猛打仗，就任命灌婴做中大夫，命令李必、骆甲做左右校尉，率领郎中骑兵在荥阳东边攻打楚军骑兵，大败了他们。【9】灌婴受命再率军攻击楚军的后方，断绝他们从阳武到襄邑的运粮道路。在鲁县一带攻打项羽部将项冠的军队，打败了他们，灌婴所统率的士兵斩杀右司马[①]和骑将各一人。打败柘（zhè）公王武的军队，驻军燕地以西，他统率的士兵斩杀了楼烦[②]将领五人，连尹[③]一人。又在白马县攻打王武的别部将领桓婴的军队，打败了他，所统率的士兵斩杀了都尉一人。灌婴率领骑兵南渡黄河，护送汉王到洛阳，奉命北上到邯郸迎接相国韩信的军队。回军到敖仓，灌婴升迁为御史大夫。

汉王三年（公元前204年），灌婴以列侯的身份得到杜平乡的食邑。他以御史大夫的身份奉命率领郎中骑兵东进，交付相国韩信。在历下打败了齐国的军队，所统率的士兵俘

---

① 右司马：掌管军马的官员。

② 楼烦：古族名。出现于春秋末年，族人善于骑马射箭。因此称军中善于骑射的人叫"楼烦"。

③ 连尹：主管射箭的官员。

虏了车骑将军华毋伤及其将士四十六人，并降服了临菑，俘虏了齐国代理丞相田光，追赶齐国丞相田横一直到嬴县、博县，打败了他的骑兵，所统率的士兵杀死骑将一人，活捉骑将四人，攻下了两个县城，在千乘县打垮了齐国将军田吸，其部下杀死了田吸。又向东跟随韩信在高密县攻打龙且、留公旋的军队，杀死了龙且，活捉了右司马、连尹各一人，楼烦骑将十人，并亲自活捉副将周兰。

平定齐国后，韩信自封为齐王，派遣灌婴领兵到鲁北攻打楚将公杲（gǎo），将他打败，又转战向南，打败薛郡郡守的军队，亲自俘虏一个骑兵将领。又攻打傅阳，前进到下相东南的僮县、取虑、徐县，渡过淮河，全部收降了那里的城邑，来到广陵。项羽派项声、薛公、郯公又平定收复了淮北。灌婴渡过淮河北上，在下邳打败了项声、郯公的军队，杀掉了薛公，攻下了下邳，在平阳打败了楚国骑兵，继而降服了彭城，俘虏了柱国项佗，降服了留县、薛郡、鄼县、萧县、相县。又攻打苦县、谯县，再次捉到了副将周兰。灌婴跟汉王在颐乡会师。灌婴又跟随汉王在陈县周围攻打项羽的军队，打败了他，所统率的士兵斩杀了楼烦将领两个，俘虏了骑兵将领八个。汉王赐给他食邑二千五百户。

项羽在垓下战败突围，灌婴以御史大夫的身份受命率领车骑部队从另一条路追击项羽到东城，将他打败。灌婴统率的五个部下一起杀掉了项羽，都受封赐列侯爵位。灌婴又招降左右司马各一人，招降士兵一万二千人，全部得到了他们军中的将领官员。接着攻下东城、历阳，渡过长江，在吴县一带打败了吴郡郡守的军队，俘获吴郡郡守，于是平定了吴郡、豫章、会稽郡。回军平定淮北，共五十二县。

汉王自立为皇帝，加赐灌婴食邑三千户。这年秋天，灌婴以车骑将军的身份跟随汉高帝打败燕王臧荼。第二年，灌婴跟随汉高帝到陈县活捉了楚王韩信。回到京城，高帝对灌婴剖符定封，世代相传，以颍阴的二千五百户为食邑，号称颍阴侯。

灌婴以车骑将军身份跟随汉高帝到代国攻打反叛的韩王信，来到马邑受命另外率兵降服了楼烦以北的六个县，杀掉代国的左丞相，在武泉以北打败了匈奴骑兵。又跟随汉高帝在晋阳打败了韩王信的匈奴骑兵，所统率的士兵杀掉匈奴白题的一个将领。又受命统率燕、赵、齐、梁、楚等国的车兵骑兵，在硰（shā）石打败匈奴骑兵。来到平城，被匈奴军队包围，突围后跟随汉高帝回军到东垣。

灌婴跟随汉高帝攻打陈豨，受命单独带兵在曲逆攻打陈豨的丞相侯敞的军队，把他们打垮，他的士兵杀掉了侯敞和五个杰出将领，降服了曲逆、卢奴、上曲阳、安国、安平，攻下了东垣。

黥布反叛，灌婴以车骑将军首先出发，在相县攻打黥布的别部将领，打败了他，斩了做他的副将的楼烦的三个骑将。又前进打败了黥布上柱国的军队和大司马的军队，又进军打败了黥布别部将领肥诛的军队。灌婴亲自活捉了左司马一人，他所统率的士兵杀掉敌军小将十人，追击败军到淮河边上。汉高帝又加封灌婴食邑二千五百户。黥布已被消灭，汉高帝回到京城，把颍阴的五千户封给灌婴作食邑，除掉以前所封的食邑。灌婴跟从高帝，俘虏二千石级官员二人，还打败十六支敌军，收复城邑四十六座，平定诸侯国一个，郡二个，县五十二个，俘获将军二人，柱国、相国各一人，二千石级官员十人。

灌婴打败黥布返回后，高帝去世，他便以列侯的身份侍奉孝惠帝和吕太后。太后逝世后，吕禄等人以赵王身份自封为将军，驻军长安图谋叛乱。齐国哀王听说这事后，向西发兵，准备进入京城杀掉不应当称王的人。上将军吕禄等听说这件事，就派遣灌婴为大将，率兵前往攻打他。灌婴到了荥阳，就与绛侯等人策划，趁势让军队进驻荥阳，向齐主暗示要杀吕氏一事，齐军停止不再前进。等到绛侯等人杀掉了吕氏家族，齐王领兵回归，灌婴也领兵从荥阳返回，同绛侯、陈平一起立代王为孝文皇帝。孝文帝便加封灌婴食邑三千户，赏给黄金一千斤，任命他做太尉。

三年后，绛侯周勃被免去丞相职务回到封国，灌婴做了丞相，免去了太尉职务。这一年，匈奴大举侵入北地和上郡，孝文帝便命令丞相灌婴带领兵八万五千前往迎击匈奴。匈奴退回，济北王反叛，文帝下令停止灌婴的战事。过了一年后，灌婴在丞相位上死了，谥号称懿侯。他的儿子平侯灌阿继任侯位。二十八年后去世，灌阿的儿子灌彊继承侯位。十三年后因灌彊犯罪，侯位中断了两年。汉武帝元光三年（公元前132年），天子封灌婴的孙子灌贤任临汝侯，延续灌氏的后代。八年后，灌贤犯贿赂罪，封国被废除。

太史公说：我到丰城和沛县，访问那里的遗老，考查萧何、曹参、樊哙、夏侯婴的旧居以及他们的生平，听到的都非常奇异！当他们拿刀杀狗贩卖丝绢的时候，哪里会知道自己会跟随别人而扬名汉室、恩德流传子孙后代呢？我同遗老们广有交往，他们对我谈到高祖功臣兴起的时候，就像这里所说的了。

史记卷九十六

张丞相列传

扫描二维码
阅读本篇原文

张苍 周昌 申屠嘉 邴吉 黄霸 韦玄成 匡衡

丞相张苍是阳武人。他喜爱诗书、音律和历法。在秦朝任御史，管理殿柱之下的四方文书的工作。【10】后来犯了罪，逃跑回家。等到沛公攻城经过阳武时，张苍便以宾客的身份跟随沛公，攻打南阳。张苍因犯法理当杀头，他脱下衣服伏在砧（zhēn）板上，身体修长，又肥又白像个葫芦瓜。这时王陵看见了，惊异地发现他是个美男子，就劝说沛公不要杀他。于是他就跟从沛公西征进入武关，到达咸阳。沛公立为汉王后，进入汉中，回师平定三秦。陈馀打败了常山王张耳，张耳就归附汉王，汉王就任用张苍做常山郡守。跟随淮阴侯攻打赵国，张苍俘虏了陈馀，赵地已经平定，汉王就任用张苍为代国相国，防备边境的入侵者。不久，调任赵国国相，辅助赵王张耳。张耳死后，辅助赵王张敖，后又改为辅佐代王。燕王臧荼谋反，高祖就去攻打他，张苍以代国相国的身份跟从高祖攻打臧荼有功，便在汉高祖六年（公元前 201 年）被封为北平侯，有食邑一千二百户。

接着张苍调任计相①，一个月后，改为以列侯的身份任主计四年。在这个时候，萧何担任相国，而张苍却是在秦时担任过柱下史，熟悉天下的图书典籍和统计户册；张苍又很会运用算数、乐律、历法，所以下令张苍以列侯的身份住进

① 计相：汉初设置的临时的官职，主管朝廷的财政收支。

【10】

相国府，负责管理郡县呈送朝廷各种报表。不久黥布因谋反被灭掉，汉朝就立皇子刘长为淮南王，让张苍辅佐他。过了十四年（公元前 183 年），张苍又调任做御史大夫。

周昌是沛县人，他和堂兄周苛都在秦时担任泗水卒史。等到汉高祖在沛县起兵的时候，打败了泗水郡的郡守、郡监，这样，周昌、周苛两兄弟也就以卒史的资历追随沛公，沛公命周昌担任一名管旗帜的官职，周苛暂时在帐下当宾客。后来他们都跟从沛公入关，推翻强秦的统治。沛公被封为汉王，汉王任命周苛为御史大夫，周昌为中尉。

汉王四年（公元前 203 年），楚军在荥阳把汉王团团围住，情况紧急，汉王悄悄逃出重围，命令周苛留守荥阳城。楚军攻破了荥阳，想任命他为将领，周苛痛斥道："你们这些人应该赶快投降汉王，不然的话，很快就要做俘虏了！"项羽听罢大怒，立刻就烹杀了周苛。于是，汉王就拜周昌为御史大夫。周昌经常跟随汉王，并且多次击败项羽军。因此，在高祖六年（公元前 201 年）时，周昌和萧何、曹参一起受封，周昌被封为汾阴侯，周苛的儿子周成因父亲为国捐躯的原因，也被封为高景侯。

周昌为人坚忍刚强，敢于直言不讳。就连萧何、曹参等人对周昌都是非常敬畏的。周昌曾经有一次在高帝休息时进宫奏事，高帝正和戚姬拥抱，周昌见此情景，回头便跑，高帝连忙上前追赶，追上之后，骑在周昌的脖子上问道："你看我是什么样的皇帝？"周昌挺直脖子，昂起头说："陛下您就是夏桀、商纣一样的皇帝。"高帝听了哈哈大笑，但是却由此最敬畏周昌。等到高帝想废掉太子，立戚姬之子如意为太子时，许多大臣都坚决反对，但是都未奏效。后来，幸好张良为吕后定下计策，使高帝暂时把此事放下。而周昌在朝廷中和皇帝极力争辩，高帝问他理由何在，因为周昌本来就有口吃的毛病，再加上是在非常气愤的时候，也就口吃得更加厉害了，他说："我的口才虽然不太好，但是我期……期……知道这样做是不行的。陛下您虽然想废掉太子，但是我期……期……坚决不能接受您的诏令。"高帝听罢，很高兴地笑了。事过之后，吕后因为在东厢侧耳听到上述对话，她见到周昌时，就跪谢说："若不是您据理力争的话，太子几乎就被废掉了。"

此后，戚姬的儿子如意立为赵王，年纪十岁，高祖担心如果自己死后，赵王会被人杀掉。当时有一个名叫赵尧的人，年纪轻轻，他的官职是掌管符玺的御史。赵国人方与公对御史大夫周昌说："您的御史赵尧，年纪虽轻，但他却是一个奇才，您对他一定要另眼相待，他将来要代替您的职位。"周昌笑着说："赵尧年轻，只不过是一个刀笔小吏罢了，哪里会到这种地步！"过了不久，赵尧去侍奉高祖。有一天，高祖独自心中不乐，慷慨悲歌，满朝文武不知道皇帝为什么会这样。赵尧上前请问道："皇帝您闷闷不乐的原因，莫非是为赵王年轻而戚夫人和吕后二人又不和睦吗？是担心在您万岁之后而赵王不能保全自己吗？"高祖说："对。我私下里非常担心这些，但是却拿不出什么办法来。"赵尧说："您最好为赵王派去一个地位高贵而又坚强有力的相国，这个人还得是吕后、太子和群臣平素都敬畏的人才行。"高祖说道："对。我考虑此事是想这样，但是满朝群臣谁能担此重任呢？"赵尧说道："御史大夫周昌，这个人坚强耿直，况且从吕后、太子到满朝文武，人人对他都一直敬畏，因此，只有他才能够担此重任。”高祖说：“好。”于是高祖就召见了周昌，对他说：“我想一定得麻烦您，您无论如何也要为我去辅佐赵王，您去担任他的相国。”周昌哭着回答：“我从一开始就跟随陛下，您为什么单单要在半路上把我扔给了诸侯王呢？”高祖说：“我非常了解这是降职，但是我私下里又实在为赵王担心，再三考虑，除去您之外，其他人谁也不行。真是迫不得已，您就为我勉强走一遭吧！”于是御史大夫周昌就被调任赵国相国。

周昌走了以后，过了很长一段时间，高祖手拿着御史大夫的官印，轻轻地抚弄着说：“谁才是御史大夫最合适的人选呢？”然后仔细地看了看赵尧，说道：“没有人比赵尧更合适了。”这样，就任命赵尧为御史大夫。赵尧在以前也有军功和食邑，等到他以御史大夫之职跟随攻打陈豨立了功，被封为江邑侯。

高祖去世之后，吕太后派使臣召赵王入朝，相国周昌让赵王推说身体不好，不能前往。使者往返去了三次，周昌都一直坚持不送赵王进京。于是吕后很是忧虑，就派使者召周昌进京。周昌进京之后，拜见吕后，吕后非常生气地骂他：“难道你还不知道我非常恨戚夫人吗？而你却不让赵王进京，为什么？”周昌被召进京城之后，吕后又派使者召赵王，不久，赵王果然来到了京城。他到长安一个多月，就被迫喝下毒药死去了。周昌因此也就称病引退，不再上朝拜见太后。三年之后，他也去世了。

五年后，高后听说御史大夫江邑侯赵尧在高祖时定下了保全赵王如意的计策，于是就除去他江邑侯爵位以抵其罪，并让广阿侯任敖担任了御史大夫。

任敖这个人，原来是沛县的一名狱吏。高祖还是一名普通百姓时，曾躲避官司，狱吏找不到高祖本人，便抓走了吕后，并对她很不礼貌。而任敖一直和高祖很要好，见此情景非常生气，就打伤了拘管吕后的那位狱吏。等到高祖开始起兵的时候，任敖就以宾客的身份跟随，后来担任御史，驻守丰邑两年。高祖立为汉王，向东进击项羽，任敖升为上党郡守。在陈豨造反的时候，任敖坚守城池，未被叛军攻陷，因功被封为广阿侯，食邑一千八百户。高后时，担任御史大夫。三年后被免职，任命平阳侯曹窋为御史大夫。高后去世之后，曹窋和大臣们共同诛杀吕禄等人，后被免去官职，任命淮南王相国张苍为御史大夫。

后来，张苍和绛侯等拥立代王为汉文帝。文帝四年（公元前 176 年），丞相灌婴死了，张苍就继任丞相。

从汉朝建立到汉文帝二十多年，正当天下刚刚平定，朝廷中的将相公卿都是军人出身。张苍担任计相时，整理订正音律、历法；根据高祖是十月到达霸上接受秦王投降的，又由于旧时秦国本来就把十月作为一年的开始，他未加改革；推算五德运转的规律，认为汉朝正当水德时代，同原先一样崇尚黑色；吹奏律管，调整音调，谱写乐章，以及用它们来类比确定时令节气，和天下百工之人制作的规程模式。一直到他当丞相，最终完成了这项工作。因此，汉朝论说律历的，都是源起于张苍。张苍本来就喜爱读书，无所不看，什么都通晓，尤其精通音律和历法。

张苍感激王陵的恩惠。王陵就是安国侯。等到张苍显贵，还经常像对待父亲一样侍奉王陵。王陵死后，张苍担任丞相。每遇休假，常先去朝拜王陵夫人，伺候她用餐后才敢回家。

张苍担任丞相十多年，鲁地人公孙臣上书皇帝说汉朝正处在土德时代，并验证有黄龙将会出现。皇上下令把这个看法交给张苍鉴定，张苍认为不是这样，否定了。后来在成纪出现了黄龙，于是文帝就征召公孙臣做博士，让他起草土德时代的历法制度，改变纪年。张苍从此自动黜退，以生病为理由称老。张苍保举一个人做中侯①，可是那人大肆贪赃。皇上以此事责问张苍，接着张苍因病被免职。【11】张苍担任丞相十五年才免职。汉景帝前元五年（公元前 152 年），张苍去世，谥号为文侯。他的儿子康侯继承侯爵，过了八年去世。其子张类又继承侯爵，八年后，一次吊唁诸侯丧事就座时犯不敬罪，侯国被取消。

当初，张苍的父亲身高不到五尺，等到生下张苍，张苍却身高八尺多，做了列侯和丞相。张苍的儿子也长得很高。到了孙子张类，身高则只有六尺多，因犯法失去了侯爵。张苍被免去丞相后，年老没有牙齿，只有吸乳汁，年轻的妇女当乳母，他的妻妾数以百计，曾怀孕的就不再同房。张苍活了一百多岁才去世。

丞相申屠嘉是梁地人。他以一个能拉强弓硬弩的武士的身份，跟随高帝，攻打项羽，因军功升任一个叫作队率的小官。跟随高帝攻打黥布叛军时，升任都尉。在孝惠帝时，升任淮阳郡守。孝文帝元年（公元前 179 年），选拔那些曾经跟随

① 中侯：官名。为将作少府（掌治官室）的属官。

【11】

高帝南征北战，现年俸在二千石的官员，一律都封为关内侯的爵位，得封此爵的共二十四人，而申屠嘉得到五百户的食邑。张苍任丞相之后，申屠嘉升任为御史大夫。张苍免去丞相之后，孝文皇帝想任命皇后的弟弟窦广国为丞相，但是又说："我很害怕这样做会使天下人认为我偏爱广国。"窦广国这个人很有才能，而且品德也好，因此皇上才想任命他为丞相。但是孝文帝经过长时间考虑之后，还是认为他不合适。而高帝时候的大臣又多已死去，活着的人当中看来也没有合适的人选，所以就任命申屠嘉为丞相，就以原来的食邑封他为故安侯。

申屠嘉为人廉洁正直，在家里不接受私事拜访。当时太中大夫邓通特别受皇帝的宠爱，皇帝赏赐给他的钱财已达数万之多。汉文帝曾经到他家饮酒作乐，由此可见皇帝对他宠爱的程度。当时丞相申屠嘉入朝拜见皇帝，而邓通站在皇帝的身边，礼数上有些傲慢。申屠嘉奏事完毕，接着说道："皇上您喜爱您的宠臣，可以让他富贵，至于朝廷上的礼节，却是不能不严肃对待的。"皇帝说道："请您不要再说了，我对邓通就是偏爱。"申屠嘉上朝回来坐在相府中，下了一道手令，让邓通到相府来，如果不来，就要把邓通斩首。邓通非常害怕，进宫告诉了文帝。文帝说："你尽管前去无妨，我立刻就派人召你进宫。"邓通来到了丞相府，摘下帽子，脱下鞋子，给申屠嘉叩头请罪。申屠嘉很随便地坐在那里，故意不以礼节对待他，同时还斥责他说："朝廷嘛，是高祖皇帝的朝廷。你邓通只不过是一个小臣，却胆敢在大殿之上随随便便，犯有大不敬之罪，应该杀头。来人哪，现在就执行，把他斩了！"邓通磕头，头上磕得鲜血直流，但申屠嘉仍然没有说饶了他。文帝估计丞相已经让邓通吃尽了苦头，就派使者拿着皇帝的节旄召邓通进宫，并且向丞相表示歉意说："这是我亲狎的臣子，您就饶了他吧！"邓通回到宫中之后，哭着对文帝说："丞相差点杀了我！"

申屠嘉担任丞相五年之后，孝文帝去世了，孝景帝即位。景帝二年（公元前155年），晁错担任内史，因为受皇帝宠爱，地位很高，权力也很大，许多法令制度他都奏请皇帝变更。同时还讨论如何用贬谪处罚的方式来削弱诸侯的权力。而丞相申屠嘉也有感于自己所说的话不被采用，因此忌恨晁错。晁错担任内史，内史府的大门本来是由东边进出宫外的，使他进出有许多不便，这样，他就自作主张凿一道墙门向南进出。而向南出的门所凿开的墙，正是太上皇宗庙的外墙，申屠嘉听说之后，就想借晁错擅自凿开宗庙围墙为门这一理由，把他治罪法办，奏请皇上杀掉他。但是晁错门客当中有人把这件事告诉了他。晁错非常害怕，连夜跑到宫中，拜见皇上，向景帝自首，说明情况。到了第二天早朝的时候，丞相申屠嘉奏请诛杀内史晁错。景帝说道："晁错所凿的墙并不是真正的宗庙墙，而是宗庙的外围短墙，所以才有其他官员住在里面，况且这又是我让他这样做的，晁错并没有什么罪过。"退朝之后，申屠嘉对长史说："我非常后悔没有先杀了晁错，却先报告皇帝，结果反被晁错给欺骗了。"回到相府之后，因气愤吐血而死，谥号为节侯。儿子共侯申屠蔑继承侯位，三年之后去世。共侯之子申屠去病继承侯位，三十一年之后去世。申屠去病的儿子申屠臾继承侯位，六年之后，由于身为九江太守接受原任官员送礼而犯了罪，封国被撤销。

自从申屠嘉死去之后，景帝时开封侯陶青、桃侯刘舍先后担任丞相之职。到了当今皇上的时候，柏至侯许昌、平棘侯薛泽、武强侯庄青翟、高陵侯赵周等人相继为丞相，他们都是世袭的列侯，平庸无能，谨小慎微，当丞相只不过是滥竽充数而已。没有一个人是以贡献杰出、功名显赫而著称于世的。

太史公说：张苍有文采、学识，擅长乐律、历法，成为汉朝著名的丞相，可是他罢斥贾谊、公孙臣等人论说改变历法、车马颜色等制度的意见，却不被采纳，坚持要用秦代的《颛顼历》[①]，这是什么原因呢？周昌是个木讷倔强的人；任敖凭借过去对吕后的恩德被任用；申屠嘉可称得上是刚强坚毅讲义守节的。可都没有学问，大概同萧何、曹参、陈平不同啊。

孝武帝时丞相很多，就不一一记名了，也不记录他们的出身、籍贯、生卒年以及品行、事迹等等，暂且记下武帝征和年间以来的丞相。

有一位车丞相，是长陵人。他去世之后由韦丞相接替。韦丞相名贤，是鲁国人。他因为谙于读书而担任小吏，然后逐渐升官到大鸿胪之职。曾经有相面的人给他相面，说他可以官至丞相。他有四个儿子，也让相面的人给他们相面，相到第二个名叫韦玄成的儿子时，相面的人说：“这个儿子大富大贵，日后可以封侯。”韦丞相说道：“即使我当了丞相，被封为侯，继承侯位的是大儿子，这二

①《颛顼历》：历法名。我国古六历之一。在周末已经制定，秦统一中国以后颁行全国，每年以十月为岁首。

儿子怎么会封侯呢？”后来，韦贤果然当了丞相，因病而死，而他的大儿子因为犯罪，按照当时的法律，是不能继承侯位的，因此韦玄成继承侯位。韦玄成当时假装精神失常，不肯做继承人，但是最终朝廷还是让他继承了侯位，还赢得了封侯将临而让给别人的好名声。后来因为骑着马径直闯进宗庙，被判为不敬之罪，皇帝下诏，降爵一级，成为关内侯，失去了列侯的爵位，但以前的封邑依然享有。在韦丞相去世之后，由魏丞相接替他的职位。

魏丞相名字叫相，是济阴人。由文职小吏升到丞相之职，但是他这人喜好武艺，他要求自己的部下都要佩带宝剑，并且规定只有佩戴着宝剑才能上前奏事。若是有没带宝剑的下属官吏，有事需要入内汇报，以至于要向他人借一把宝剑带上，才敢进府。当时的京兆尹是赵广汉，魏丞相上奏皇帝，说赵广汉犯了应该撤职的罪过，赵广汉派人挟制魏丞相，想得到免罪的许诺，但是魏丞相坚决不答应。然后赵广汉又派人威胁魏丞相，把丞相夫人涉嫌杀死侍从婢女一事抬了出来，私下里奏请重新追查，并且派遣下属官吏士卒到丞相住宅，逮捕丞相府的家奴婢女严刑拷打，追查此事。最后问出的结果是死去的婢女并非是魏夫人用利器所杀。这样，丞相的司直繁延寿就上奏皇帝，说京兆尹赵广汉威胁丞相，诬告丞相夫人残杀婢女，派遣官吏士卒包围搜查丞相住宅，逮捕丞相家人，犯下了残害无辜的不道之罪。同时又查出赵广汉擅自遣散骑士的事情。因罪行重大，赵广汉被判处腰斩的死刑。其后又有使掾陈平等人揭发检举中尚书，涉嫌擅自劫持、威胁当事人，被判为不敬之罪，致使长史以下数名官员都被处死，还有一些人被处以宫刑，下蚕室。而魏丞相最后在丞相的职位上因病去世，他的儿子继承了爵位，后来也是因为骑马闯进宗庙，犯下了不敬之罪，皇帝下诏，降爵一级，成为关内侯，失去了列侯的爵位，但依然享有以前的故地封邑。魏丞相死去之后，御史大夫邴吉接替了他的职位。

邴丞相的名字叫邴吉，是鲁国人。因为喜欢读书和好法令而官至御史大夫。在孝宣帝时，因为和皇帝有旧交的缘故，被封为列侯，接着又做了丞相。他对事理非常明了，而且有超乎常人的聪明和智慧，被后世所称颂。他在担任丞相期间因病去世，儿子邴显继承了爵位。后来邴显也是因为骑马闯进宗庙，犯下了不敬之罪，皇帝下诏，降爵一级，成为关内侯，失去列侯的爵位，但依然享有以前的故地封邑。邴显做官一直到太仆之职，因为为官昏乱不明，自己和儿子都有营私舞弊、贪赃枉法的行为，被免官，降为平民。

邴吉丞相去世以后，由黄丞相接替他的职务。从前长安城中有个善相面的人，名字叫田文，他和当时都未做高官的韦丞相、魏丞相、邴丞相在一家做客时见了面，田文说道："现在这里的三位先生，将来都能做丞相。"后来，这三个人果然相继为丞相。这个人怎么看得这么清楚啊！

黄丞相名字叫黄霸，是淮阴人。因为喜欢读书而担任官吏，官至颍川太守。治理颍川时，用礼义条例和教令来教喻感化百姓。若是犯有重罪应当斩首的，暗示其情节使其自杀。教化大行于世，名声远近皆知。孝宣帝特意为此下了一道制书，称：“颍川太守黄霸，用宣布国家的诏令来治理百姓，达到了道路之上不拾丢失的东西，男女分途而行，在监狱之中没有犯重罪的囚犯这种地步。特赐给关内侯的爵位，黄金一百斤。”这样，他就被皇帝征调到京城任京兆尹，后来官至丞相。在担任丞相期间，又是以礼义治理国家，最后病死在丞相任上。死后，他的儿子继承了爵位，后来被封为列侯。黄丞相去世之后，皇帝任命御史大夫于定国接替了他的职位。于定国丞相已经有《廷尉传》，在《张廷尉传》的叙述之中。于丞相死后，御史大夫韦玄成接替了他的职位。

韦玄成丞相就是前边所说的那个韦贤丞相的儿子。他继承了父亲的封爵，后来因犯法失去了列侯的爵位。韦玄成从小就喜欢读书，对于《诗》和《论语》都很精熟。做官到卫尉之职时，升任为太子太傅。御史大夫薛先生被免职之后，韦玄成担任了御史大夫。在于丞相请求告老还乡，皇帝答应他离职之后，韦玄成又成为丞相。皇帝以他旧日的封邑扶阳为名，封他为扶阳侯。数年之后，因病去世，孝元帝亲自参加他的丧礼，给予的赏赐特别丰厚。韦玄成的儿子承袭爵位。韦玄成治理国家能够随从世俗、上下浮沉，但是有人称他是阿谀奉承，投机取巧。相面的人很早就说他应当代替其父，继承侯位，但是他得到侯位之后又失去了。接着，他又从在外当小官起家，东山再起，官至丞相。他们父子都为丞相，当时人们都传为美谈，这难道不是命运的安排吗？相面的人事先就知道会有这样的事情。韦丞相去世之后，御史大夫匡衡接替了他的职位。

丞相匡衡是东海人。他好读书，曾经跟随博士学习《诗》。因家境贫寒，他要靠给人做工来糊口。他才能低下，多次参加朝廷选拔人才的考试，但是都没考中，等考到第九次时才凑合着考中了丙科。对于经书，由于他多次应考不中的缘故，所以非常谙熟。后来，他做了候补平原郡文学卒史。又过了好几年，郡里的人都对他不尊敬。这时，御史征调他进京，以候补百石官属的身份被荐举做郎官，补做博士，拜为太子少傅，侍奉孝元帝。孝元帝喜欢《诗》，就升任匡衡为光禄勋，让他身居皇宫之中担任老师，教授皇帝的侍臣，而皇帝也坐在他的身边听讲，非常喜欢他，因此，他的地位也就一天比一天高贵起来。御史大夫郑弘因为犯法被免官，匡衡先生就继任为御史大夫。一年多之后，韦玄成丞相逝世，匡先生又继任为丞相，被封为乐安侯。在十年之间，他不出长安城门而官至丞相，这难道不是遇到好机会和命中注定吗？

太史公说：我曾经反复地思索，读书人从小官吏做起，到后来终于被封侯，这样的人是极少的。大多数人做到了御史大夫这个职位也就离职了事。这些人已经做了御史大夫，离丞相的位置就还有一步之遥了，他们心里希望丞相立刻死去，自己好取而代之。还有些人大搞阴谋诡计，暗中诋毁中伤，想以此来登上相位。但有的人等了好久，却得不到它；而有的人没等多久就登上相位，被封为列侯。这也许真是命运的安排吧！御史大夫郑弘等了许多年没有登上相位，而匡衡却担任御史大夫未满一年，韦丞相就去世了，他立刻就取而代之，难道这个位置是可以用智巧得到的吗？而那些有圣贤才能的人，穷困潦倒多年而不受用，这实在是太多了！

知识拓展

期期艾艾

释义：为形容口吃的人吐辞重复，说话不流利。“期期”记西汉周昌事，“艾艾”为三国时魏将邓艾事。

出处：《史记·张丞相列传》：“臣口不能言，然臣期期知其不可。陛下虽欲废太子，臣期期不奉诏。”

史记卷九十七

郦生陆贾列传

扫描二维码
阅读本篇原文

郦食其　沛公　项羽　淮阴侯　陆贾　朱建

郦食其[①]是陈留县高阳乡人。他喜好读书，家里贫穷，生活落魄潦倒，没有谋得衣食的职业，做了一个里的监门吏[②]。但是，县里的贤士富豪都不敢使唤他，县里的人都称他为“狂生”。

等到陈胜、项梁等起义，各部将攻占地盘经过高阳乡的达数十人，郦生听说这些将领都气量狭窄，拘泥礼节，且自以为是，不能接纳有气度的言论，就躲得远远的。后来他听说沛公率军占领了陈留县外地带，沛公军中的一个骑兵正好是郦生的老乡，沛公常常问起县中的贤士俊杰。骑兵返回家乡，郦生见到后对他说：“我听说沛公为人傲慢，看不起人，胸中藏有远大的计谋，这真是我所愿意结交的人，但没有人替我介绍。你见到沛公，对他说：‘我乡里有个姓郦的书生，年纪六十多岁，身高八尺，别人都称呼他为狂生，郦生自己说他不是狂生。’”骑兵说：“沛公不喜欢儒生，来客中带儒生帽子的，沛公就解下他们的帽子，在帽子里撒尿。同别人讲话常破口大骂。你不能以儒生的身份去游说。”郦生说：“你只管这么说。”骑兵按照郦生交代的话不慌不忙地告诉

---

① 郦食其（？—公元前 203 年）：作者称他为郦生。生，是当时对一般读书人的尊称。

② 监门吏：协助里正管理治安的小官。

了沛公。

沛公到高阳乡的驿所，派人召见郦生。郦生来到沛公住处求见，沛公正坐在床上让两个使女洗脚，便让郦生来见。郦生进去，只作了一个长揖而没有跪拜，说："您是想帮助秦国攻打诸侯？还是想带领诸侯攻打秦国？"【12】沛公大骂："你这没见识的儒士！普天下受秦国的残害很久了，所以诸侯相继攻打秦国，怎么说帮助秦国攻打诸侯呢？"郦生说："一定要聚众联合正义之军攻打没有天道的秦军，就不应该蹲坐着接见年长者。"于是沛公停止洗脚，起身整理衣服，请郦生坐在上位，向他道歉。郦生因此谈论六国合纵连横的形势，沛公非常高兴，招待郦生吃饭，问如何制定计策。郦生说："您率乌合之众起义，聚集散乱的士兵一共不足万人，想靠这点兵力直接攻打强大的秦国，这就是等于去摸老虎的口啊。陈留县是天下的要道，四通八达的地区，现在城里又贮藏着许多粮食。我与陈留县令关系不错，请发令派我前往陈留，让他向您投降。如果他不肯听从，您就派兵攻打，我做内应。"于是，沛公派郦生去陈留，他率军尾随其后，便降服了陈留县，沛公将郦食其封为广野君。

郦生举荐他的弟弟郦商，派他带领几千人跟随沛公向西南夺取地盘。他常当游说之士，乘坐车马出使各诸侯之间。

汉王三年（公元前 204 年）的秋天，项羽攻打汉王，攻克荥阳，汉军退守巩县、洛阳一带。楚国人听说淮阴侯大破赵军，彭越多次在河南、开封一带反叛项羽，就分派兵力援救赵国。淮阴侯正向东攻打齐王，汉王几次被围困在荥阳、成皋，计划让出成皋以东的地带，自己据守巩县、洛阳以对抗楚军。郦生便说："我听说知道重要事物中最重要的事物

【12】

的人，可以成就帝王事业；不知道重要事物中最重要的事物的人，不能成就帝王事业。帝王是以百姓为最的，百姓又是以粮食为最的。敖仓作为国家的粮食集散中心已经很久了，我了解到它仍然贮藏了很多粮食，楚军直取荥阳，而不坚守粮仓，就率兵向东挺进，让被处罚的士兵分守成皋，这就是上天来帮助汉军。当今楚军容易被攻破，但汉军却撤退，自己丧失便利的形势，我自认为是个错误。况且两个强有力的对手不会都存在。如今楚、汉长期相持不下，百姓不安宁，全国动荡，农夫不耕地，妇女不织布，普天下人心不能稳定。希望您抓紧时间再次进攻，收取荥阳，占据敖仓的粮食，堵塞成皋的险阻，断绝太行山的通道，踞守蜚狐隘口、白马渡口，以此向诸侯显示您已经占据了绝对的优势，那么天下人就知道自己的归向了。当前燕国、赵国已被平定，只有齐国仍未攻下。现在田广占据着幅员千里的齐国，田间率领二十万人马驻扎在历城，田氏宗族势力强大，背靠大海；以黄河、济水为阻隔，南面靠近楚国，人多狡诈善变，您即使派出数十万兵士，也不可能在一年或几个月内攻破它。我请求奉您的诏令去劝说齐王，使他归服汉王而自称为东面的属国。”皇上回答说：“好。”

皇上听从了他的计谋，再次据守敖仓，便派郦生去劝说齐王：“大王知道天下的归向吗？”齐王回答：“不知道。”郦生说：“大王如果知道天下的归向，那么齐国可以保住；如果不知道天下的归向，那么齐国就不能保住。”齐王问：“天下归向何处？”郦生回答：“归向汉王。”齐王又问：“先生为什么这样说呢？”郦生回答：“汉王与项王合力向西攻打秦国，约定先攻入咸阳城的做王。汉王先攻入咸阳，项王违背信约不让出咸阳而让他去做汉中王。项王在义帝迁徙途中杀死了他。汉王听到这个消息，便发动蜀汉的部队攻打三秦，出函谷关，追查义帝的下落，收集天下的军队，封立诸侯的后代。攻下了城池就用来给攻城将领封侯，获取了财物便分给自己的士兵，与天下人同享其利，英雄豪杰贤才人士都乐于为他服务。诸侯的士兵从四面而来，蜀汉的粮船并列而下。项王背负违反协议的名声，杀死义帝的罪过；对于别人的功劳不记得，对于别人的过失不忘掉；打胜仗得不到他的奖赏，攻下城邑得不到他的封地；不是项氏宗族就不能掌权；给人刻印，玩坏了仍不肯授予；攻城得到财物，堆积起来而不愿赏赐。天下人反叛他，贤才人士怨恨他，没有人愿意替他服务。所以，天下有才能的人投奔汉王，汉王可以轻松自如地指挥他们。汉王在蜀汉起兵，平定三秦；渡过西河，统率上党的部队；占领井陉，杀死成安君；攻破北魏[1]，夺取三十二座城，这简直就像蚩尤的神兵，而不是人的力量。现在汉王已占据敖仓的粮食，堵塞了成皋的险阻，把守着白马渡口，断绝了太行山的通道，扼守住蜚狐隘口，天下诸侯如果归服迟了就会被早早灭亡。您如果尽快归服汉王，齐国江山就能保住，如果不归服汉王，危险很快就来了。”田广认为郦生说得对，就听从郦生的计谋，解除了历下的士兵防守战备，每天与郦生放肆地饮酒。

淮阴侯听说郦生以说客身份收降齐国七十多座城，就趁夜晚从平原渡河袭击齐军。齐王田广听说汉兵到达，认为郦生欺骗了自己，就说；“你若能制止汉军的进攻，我让你活，

---

① 北魏：项羽封魏王豹为西魏王，其地在黄河以北，故名北魏。

否则，我将烹死你。”郦生回答：“成就大事的人不拘小节，德高望重的人不怕责备。你的老先生不会替你再说什么！”于是齐王烹死了郦生，带兵向东逃跑。

汉高祖十二年（公元前 195 年），曲周侯郦商以丞相的身份带兵攻打黥布有功。高祖在分封功臣们为列侯时，很是思念郦食其。郦食其的儿子郦疥多次带兵打仗，但立下的军功不足以封侯，皇帝因为他父亲的缘故，封郦疥为高梁侯。后来又改食邑在武遂，侯位传了三代。元狩元年（公元前 122 年）的时候，武遂侯郦平因伪称皇帝的命令，骗取了衡山王一百斤黄金，犯下的罪过应该街头处死，但恰在此时，他因病去世，封国被废除。

陆贾是楚国人。他以门客的身份跟随高祖平定天下，被称为有口才善于辩论的人，在高祖身边，经常出使诸侯。

等到高祖做皇帝时，中国[①]刚刚平定，尉佗平定了南越，便在那里称王。高祖派陆贾去赐给尉佗大印封他为南越王。陆生去后，尉佗梳着椎形的发髻，叉开两腿坐着接见陆生。陆生进去后劝说他：“您是中国人，亲戚、兄弟和祖先的坟墓在真定，如今您违反天性，不戴帽子、不系带子，想以小小的越国和天子对抗，成为敌国，灾祸即将临头。况且秦国政局混乱，诸侯豪杰纷纷起兵，唯独汉王先进入关口，占领咸阳。项王违背协约，自封为西楚霸王，诸侯都归附给他，可以说极其强大。但是，汉王在巴蜀起兵，驱使天下民众，夺占诸侯的地盘最终征伐项王并消灭了他。五年之内，全国

① 中国：因古代华夏族建立在黄河南北的中原地区，故自称“中国”相对四周的少数民族而言。

平定，这不是人的力量，而是上天建造的。天子听说您在南越称王，不帮助天下人诛杀暴逆，将相们想发兵讨伐您，天子体谅老百姓刚经历劳苦，所以暂时休养生息，派我授予您大印，剖符作为凭证，互通使节。您应该到城外迎接，朝向北面称臣。而您竟想凭借刚刚建立、尚未安定的南越，在这里顽抗。汉王真的知道了，会挖开、烧毁您的祖坟，杀死同宗族的人，派一名偏将带领十万士兵来到越国，那么越国人就会杀死您投降汉军，这是易如反掌的事。”

于是尉佗很惊慌地站起来，向陆生道歉道：“我长期住在蛮夷之地，太失礼貌了。”顺势问陆生：“我和萧何、曹参、韩信相比，谁更贤能？”陆生回答：“您好像贤能些。”他又问：“我与皇上谁贤能些？”陆生回答：“皇上从丰城、沛县起兵，讨伐暴秦，诛杀强楚，为天下兴利除害，继承五帝三王的事业，统一治理中国。中国人以亿计，土地方圆万里，占据了天下肥沃地方，人多车多，物产丰富，政令统一，这是开天辟地未曾有的事。现在，您的百姓不过数十万，都是蛮夷之人，居住在崎岖的高山大海之间，好像是汉朝的一个郡，您怎么能与汉王相比呢！”尉佗大笑说：“所以，我不在中国起事，在这里做王。假使我处在中国，难道就比不上汉王？”尉佗非常喜欢陆贾，留他一起饮酒好几个月，说：“越国中没有与我谈得来的，陆生来后，使我每天听到原来没听到的事情。”赐给陆生旅行袋中的包裹价值千金，赠送的其他物品也价值千金。陆生终于封尉佗为南越王，使他向汉称臣，遵守汉朝的约束。归朝汇报，高祖非常高兴，任命陆贾做太中大夫。

陆生常常在高祖面前谈论《诗》《书》。高帝骂他：“你老子是在马上夺得天下的，哪里用得着《诗》《书》！”陆生说：“您在马上夺得天下，难道能在马上治理天下吗？【13】昔日商汤、周武王用武力夺取天下，就偃武修文治理国家，文武并用，才是长治久安的办法。当年，吴王夫差和智伯穷兵黩武以至灭亡，秦国使用酷法不变，终于使赵氏[1]家族灭亡。假使秦国统一天下后，行使仁义，效法前代圣王，陛下怎么能得到天下呢？”高帝脸上露出不高兴又有点惭愧的神色，就对陆生说：“你为我写写秦朝失去天下、我夺得天下的原因何在，以及古代成功失败的国事。”陆生就粗略地记述了国家存亡的征兆，共著述了十二篇。每上奏一篇，高帝没有不称赞好的，左右的人高喊“万岁”，称他的书名为《新语》。

孝惠帝时期，吕太后专权，想封吕家的人做王，害怕有口才的大臣，陆生考虑到没有力量抗争，于是称病辞职回家。因为好畤一带土地肥沃，他就在这里定居下来。陆生有五个儿子，他把出使南越所得的一口袋珍宝拿出来卖得千斤黄金，分给儿子们每人二百金，让他们从事生产。陆生自己时常坐着舒适的四匹马拉的车子，带着十个擅长歌舞和弹琴鼓瑟的侍从，佩戴着价值百金的宝剑，他对儿子们说：“我和你们约定好：当我出游经过你们家时，要让我的人马吃饱喝足，尽量满足大家的要求，每十天我换一家。我在谁家去世，就把宝剑车骑以及侍从人员都归谁所有。一年当中我还要到其他的朋友那里去，到你们各家去的次数大概不过两三次，我要是常来你们就不新鲜了，用不着因为待久了让你们厌烦。”

---

① 赵氏：秦始皇祖先的一支。造父曾被封于赵城，因此姓赵。故赵氏指秦王朝。

【13】

吕太后时期，封吕家的人为王，吕氏家族独揽大权，想挟持少主危害刘氏政权。右丞相曲逆侯陈平忧虑这件事，感到无力挽回，恐怕灾祸累及自己，常常静居深思。陆生去看他，直接进屋坐下，但陈丞相正在沉思，一时没有发现陆生的到来。陆生说："怎么想得这样入神啊？"陈平问："你猜我在想什么？"陆生回答："您位居右丞相，是食邑三万户的列侯，可以说是富贵到极点，没有什么欲望了。但是有忧虑，不过是担心吕氏家族和少主吧。"陈平说："是的，怎么办呢？"陆生答道："天下安定的时候，要注意丞相；天下动乱的时候，要注意将军。将军与丞相和睦，那么士人大夫就会亲近归附；士人大夫亲近归附，那么天下虽然发生变乱，大权也不会分散。为国家前途设想，安危在您和太尉两人手中了。我常想对太尉绛侯讲这件事，绛侯与我开玩笑，不重视我的话。您为什么不好好与太尉交往，紧密团结呢？"陆贾替陈平出了一些对付吕氏的计谋。陈平采用他的计谋，用五百斤黄金给绛侯祝寿，办很丰富的乐舞和很丰盛的酒席；太尉也用同样的厚礼答谢他。这两个人紧密团结，所以吕氏的势力越来越衰弱。于是陈平把奴婢一百人，车马五十套，铜钱五百万，送给陆生做饮食费用。陆生凭借这些财物在汉朝公卿大臣中交游，名声很大。

等到诛杀吕氏家族，拥立孝文帝，陆生出了大力。孝文帝登位，想派人去南越，陈丞相等人就建议陆生任太中大夫，出使南越，让尉佗取消黄屋[1]称制，让他和诸侯平等，结果都符合了皇上的意图，这些话记载在《南越列传》中。陆生最后寿终而死。

---

① 黄屋：古代帝王乘坐的车子用黄色丝绸做车盖，叫作"黄屋"。

平原君朱建，是楚国人。从前曾做过淮南王黥布的相国，因为犯罪罢免，后来又侍奉黥布。黥布想叛乱时，询问平原君，平原君反对他，黥布没有听从他而听从了梁父侯，于是发动叛乱。汉王诛杀了黥布，听说平原君曾规劝黥布，没有参与阴谋，他因此得以不被杀掉。这些言论记载在《黥布列传》[①]里。

平原君很有口才，刻苦廉洁，刚强正直，家在长安。不做无原则的事，不违心地讨好别人。辟阳侯行为不轨，受到吕太后的宠爱。当时辟阳侯想与平原君结交，平原君不肯见他。平原君母亲去世后，陆生一向与平原君相处不错，就去拜访他。平原君家中贫穷，无力举办丧事，正在借贷来置办服饰、棺具，陆生让平原君举办丧事。自己去见辟阳侯，祝贺道："平原君的母亲死了。"辟阳侯说："平原君的母亲死了，为什么祝贺我呢？"陆生说："以前您想结交平原君，平原君守义不与您相交，是因为他母亲在世的缘故。现在他的母亲死了，您如果送他丰厚的丧礼，那么他就会为您效死力了。"辟阳侯就拿了一百斤黄金去送给他。列侯贵人因为辟阳侯的缘故，送去的黄金有五百斤。

辟阳侯受吕太后宠爱，有人在孝惠帝前诋毁他，孝惠帝大发雷霆，想命令法官杀死他。吕太后惭愧，不好意思替他说话。大臣们大都痛恨辟阳侯的行为，想真的杀死他。辟阳侯着急了，就派人告诉平原君，自己要见他。平原君推辞说："官司吃得紧，不能会见您。"平原君就求见孝惠帝的宠臣闳籍孺，劝说他："您被皇上宠爱，天下人都知道。现在辟阳侯受太后宠爱而交给了法官，世人都说您进了谗言，想要杀他。今天辟阳侯

① 实际上，《史记·黥布列传》未记载这件事。

被杀了，明日太后恼怒了，也会杀您，为什么不裸露上身在皇上面前替辟阳侯说说情呢？孝惠帝听您的意见释放辟阳侯，太后一定满心欢喜。两位主子都宠爱你，您就会加倍富贵了。”于是，闳籍孺非常害怕，就听从他的计谋，向孝惠帝进言，果然释放了辟阳侯。辟阳侯关起来的时候，想会见平原君，平原君没有去见辟阳侯，辟阳侯认为他背叛了自己，非常生气。等到平原君成功地救出辟阳侯时，辟阳侯这才大吃一惊。

吕太后去世后，大臣们诛杀吕氏家族，辟阳侯与吕氏家族交往极深，但终于没被杀，出谋划策保全他的，全靠陆生、平原君的力量。

孝文帝时，淮南厉王杀死辟阳侯，因为吕氏家族的缘故。文帝听说他的门客平原君为他出谋划策，派官吏抓他治罪。听说官吏到了家门口，平原君想自杀。他的儿子及属吏都说：“事情还没有弄清楚，为什么早早自杀呢？”平原君说：“我一死祸就断根了，不至于连累你们。”于是刎颈自杀。孝文帝听说后反而为他感到惋惜，说：“我没有杀他的意思。”便召见他的儿子，任命他为中大夫，出使匈奴。单于对他无礼，他便骂单于，于是死在匈奴那里。

当初，沛公带兵经过陈留，郦生亲自到军门前递上自己的名帖说：“高阳的卑贱百姓郦食其，私下里听说沛公不怕风吹日晒，带领人马帮助楚军来征讨不义之师，敬请劳驾诸位随从人员，我希望能够见到沛公，当面和他谈论天下应做的事。”使者进去禀告，沛公正在洗脚，问使者说：“来者是什么样的人？”使者回答说：“看样貌像是一个大孺，身穿儒生的衣服，戴着儒生的帽子。”沛公说：“你替我谢绝他，说我正忙于讨平天下的大事，没有时间见儒生。”使者出来道歉说：“沛公让我恭敬地谢绝先生，他正忙于讨平天下的大事，没有时间见儒生。”郦生瞪圆了眼睛，手按宝剑，斥责使者说：“去！再去告诉沛公，我是高阳酒徒，不是儒生。”使者吓得把名帖掉在了地上，然后跪下捡起，跑回去，再次向沛公通报说：“外边那个客人，是天下的壮士，他大声斥责我，我很是害怕，吓得我把名帖掉在了地上，他说：‘去！再去告诉沛公，爷是高阳酒徒。’”沛公赶紧擦干了脚，手拄着长矛说道：“请客人进来！”

郦生进去之后，向沛公作揖，说道：“您辛苦了，在外奔波，带兵帮助楚军征讨不义之师，那您为什么不自重自爱呢？我希望以讨论天下大事为由见到您，而您却说‘我正忙于讨平天下，没有时间见儒生’。您想办成天下的大事，成就天下的大功业，却凭外貌来看人，这样恐怕就要失去天下那些有本事的人。况且我估计您的智慧不如我，勇敢又不如我。您如果想成就平定天下的大业而不想见到我的话，我私下认为您就失去了一个人才。”沛公连忙向他道歉说：“刚才我只听说了您的外貌，现在我才真正了解了您的意图。”于是请他就座，问他平定天下的妙计良策。郦生说：“您如果想成就大的功业，不如先驻守陈留。陈留这个地方，是可以据守的四通八达的交通枢纽，是兵家会聚之地。城中贮藏着几千万石粮食，城墙守卫工事非常牢固。我和陈留县令一向交好，愿意为您前去说服他。若是他不听我的，请允许我替您把他杀掉，然后夺得陈留。您率领陈留的兵将，占据坚固的陈留城，吃陈留的存粮，召集天下各地想投靠您的人马；等到兵力强大以后，您就可以横行天下，到那时就没有任何人能对您构成威胁了。”沛公说：“我完全听从您的教诲。”

于是郦生就在这一天夜里去见陈留县令，游说他道：“秦朝暴虐无道而天下的人都反叛它，如今您顺从天下大势就能建成大功。现在您却独自一人为将要灭亡的秦朝拥城固守，我私下里为您的危险处境担忧。”陈留县令说道：“秦朝的法令是最严苛的，不能够随便胡说，胡说的人是要被灭族的，我不能按照你所说的去做。先生指教我的这些话，不是我的想法，请您不要再说了。”当晚，郦生就在城中住了下来，半夜时他斩下陈留县令的头，翻墙出城向沛公汇报。沛公带领人马攻打陈留城，把县令的头挂在旗杆上给城上的人看，说：“赶快投降吧，你们县令的首级被我们砍下来了！谁后投降，就一定要先杀他！”这时陈留人见县令已死，便相继投降了沛公。沛公住在陈留的南门的城楼上，用的是陈留武库里的兵器，吃的是城里的存粮，在这里进进出出地逗留了三个月，招募的军队已达几万人，最终入关攻灭秦朝。

（以上为后人所附《楚汉春秋》郦生事迹）

太史公说：今天世上流传的写郦生的传记，大多说是汉王在平定了三秦之后，回军向东攻打项羽，带领军队活动在巩县、洛阳之间时，郦生才身穿儒衣前去向汉王游说的。这是不对的。实际情况是在沛公攻入函谷关之前，与项羽分手，来到高阳，就已经得到了郦生兄弟二人。我读陆贾的《新语》十二篇，认为他真正是当代少有的大辩士。至于平原君的儿子和我关系很好，因此才能详细地记录下他的一些事迹。

知识拓展

北面称臣

释义：古代君主面南朝北，臣子拜见君主则面北，指臣服于人。

出处：《史记·郦生陆贾列传》：“君主宜郊迎，北面称臣。”

瞋目案剑

释义：握紧宝剑，瞪大眼睛。形容怒目而视的样子。

出处：《史记·郦生陆贾列传》：“郦生瞋目案剑叱使者曰：‘走！复入言沛公，吾高阳酒徒也。’”另见于《庄子·盗跖》：“案剑瞋目，声如乳虎。”

史记卷九十八

傅靳蒯成列传

扫描二维码
阅读本篇原文

傅宽　靳歙　周緤

阳陵侯傅宽，以魏五大夫骑从的身份跟随沛公。作为舍人[①]，在横阳发兵。跟随沛公进攻安阳、杠里，在开封攻打秦将赵贲的军队，以及在曲遇、阳武攻打秦将杨熊，曾经斩获敌人十二首级，于是沛公封赏他卿的爵位。【14】跟随沛公到了霸上，沛公立为汉王后，就赐给傅宽以共德君的封号。跟随汉王进入汉中，被提升为右骑将。又跟随汉王平定三秦，汉王把雕阴赏赐他作为食邑。后又跟从汉王攻打项羽，在怀地等待汉王，于是汉王封赏他通德侯的爵位。以后又跟从汉王攻打秦将项冠、周兰、龙且，他所带领的士兵在敖下杀了骑将一人，又给他增加了食邑。

傅宽隶属于淮阴侯韩信时，把齐国驻在历下的军队打败了，又攻击田解。他隶属于相国曹参时，摧毁了博县，增加了封地。由于他平定齐地有功，汉王就与他剖符，世代传下去，封为阳陵侯，赐给他食邑二千六百户，收回原先赐给的食邑，任命他为齐国的右丞相，以防备齐国。五年后，他就担任了齐国国相。

四月，在攻打陈豨时，他隶属于太尉周勃，以齐国相国的身份代替丞相樊哙攻打陈豨。过了一个月，他调任代国相国，统领驻防军队。两年后，担任代国丞相，继续统领驻防军队。

① 舍人：家臣。战国及汉初王公贵官左右亲近的随从官员。

【14】

孝惠帝五年（公元前190年），傅宽去世，谥号为景侯。他的儿子顷侯傅精接位，二十四年后去世。傅精的儿子共侯傅则接位，十二年后去世。傅则的儿子傅偃继位，三十一年后，由于参与淮南王刘安谋反被处死，封国也就被废除了。

信武侯靳歙（jìn xī），以中涓[①]的身份跟从沛公，在宛朐起兵，进攻济阳，打败了李由的军队。接着又在亳的南部和开封的东北部攻打秦军，杀死了统帅千人的骑将一人，斩获五十七个首级，俘虏士兵七十三人，沛公赐赏他封爵号为临平君。接着他又在蓝田北部作战，杀死掌管军政军赋的司马二人，骑兵长官一人，斩获二十八个首级，俘虏士兵五十七人。率军到了霸上。

沛公立为汉王，就赐封靳歙建武侯的爵位，并提升他为骑都尉。然后他跟从沛公平定了三秦。接着，他单独率兵向西，在陇西攻打章平的军队，打败章平后，平定了陇西一带的六个县，他所率领的士兵，杀死了车司马、军候各四人、骑长十二人。又跟从汉王向东攻打楚国，到达了彭城，汉军失败后撤军，退守雍丘，他去攻打叛将王武等。汉军攻打梁地，他就带领军队在菑的南部攻打邢说的军队，打败了他，亲自擒得邢说部下都尉二人，司马、军候十二人，俘虏官兵四千六百八十人。在荥阳以东打败了楚军。汉高祖三年（公元前204年），赐给靳歙食邑四千二百户。

后来他率领军队到河内，在朝歌攻打赵将贲郝的军队，打败了他后，他所率领的军队俘虏骑将二人，收缴车马二百五十匹。接着，又跟从汉王进攻安阳以东，到达棘蒲，

① 中涓：也称“涓人”，主管宫中清洁扫除的近臣。

攻下七个县。又打败了赵的军队，俘虏赵军司马二人，军候四人，招降官兵二千四百人。跟从汉王攻下邯郸。又攻下平阳，亲自杀了守相，所率领的部队杀了兵守、郡守各一人，招降了邺。跟从汉王攻打朝歌、邯郸，以及单独攻破了赵军，收降了邯郸郡六个县。回来驻扎在敖仓，在成皋南部打败了项羽军队，在荥阳至襄邑一带，袭击阻绝了楚军运用军粮的道路，从荥阳起兵直到襄邑在鲁城下打败了项冠的军队。攻城夺地，东边到了缯（zēng）、郯、下邳（pī），南边到了蕲、竹邑。又在济阳城下打败了项悍。回军在陈一带攻击项羽，打败了他。又平定了江陵，降服了江陵柱国、大司马以下八人，亲自俘虏了江陵王，并把他押送到洛阳，从而平定了南郡。跟从汉高帝到陈地，活捉了楚王韩信。汉王与他剖符，世代相传不断，赐食邑四千六百户，封号信武侯。

他以骑都尉的身份跟随汉高帝攻打代地，在平城城下攻打韩王信，后回师驻军东垣。由于平乱有功，被提升为车骑将军，并且率领梁、赵、齐、燕、楚车骑部队，分军攻打陈豨的丞相侯敞，打败了他，又趁势收复了曲逆。因跟从汉高帝进攻黥布，建功，增封固定食邑五千三百户。共斩获九十个首级，俘虏一百三十二人；单独击败敌军十四次，夺取城池五十九座，平定郡、国各一个，县二十三个；俘虏国君、柱国各一人，二千石以下至五百石的官员三十九人。

高后五年（公元前 183 年），靳歙去世，谥号为肃侯。他的儿子靳亭继承侯位。二十一年后，他因役使侯国人民超过法律规定，在孝文后元三年（公元前 161 年），侯位被夺，封国被废除。

蒯成侯緤(xiè)是沛县人,姓周。他曾做过汉高祖的参乘①,以舍人的身份跟从沛公起兵。到霸上，向西进入蜀地、汉中，回军平定三秦，赐给他池阳作为食邑。他在东部断绝了敌人输送军粮的通道，跟从高帝由平阴渡过黄河，在襄国同淮阴侯的军队会合，作战时一会儿顺利，一会儿不顺利，但他始终同高祖同心同德。于是高祖封周緤为信武侯，赐食邑三千三百户。

高祖十二年（公元前195年），封周緤为蒯武侯，废除了原先所封食邑。皇上想亲自率兵攻打陈豨，蒯成侯哭着说："从前秦王夺取天下，不曾亲自带兵出征。现在皇上常常亲自出征，这不是说明皇上已无人可派遣了吗？"【15】皇上认为这是周緤爱护自己,就赐赏他以后进入殿门不必快步走，杀人可不偿命。

到了孝文五年（公元前175年），周緤因年老去世，谥号为贞侯。他的儿子周昌继承侯位，因犯罪，封国被废除。到了孝景中元二年（公元前148年），又赐封周緤的儿子周居继承侯位。到元鼎三年（公元前114年），周居任掌管宗庙礼仪的太常官，因犯罪，封国被废除。

太史公说：阳陵侯傅宽、信武侯靳歙爵位都很高，他们跟随高祖在崤山、华山以东地区起兵，攻打项羽，斩杀名将，打败敌军征服城邑数以十计，不曾受到困窘屈辱，这也是上天的意思啊。蒯成侯周緤心志坚定正直，其人不被怀疑，皇上每次想出征，他没有一次不流泪，悲痛到这个样子，真可称得上是诚信忠厚的君子啊。

---

① 参乘：即陪乘，为近侍警卫，居车厢右侧。

史记卷九十九

刘敬叔孙通列传

扫描二维码
阅读本篇原文

刘敬　高帝　叔孙通

刘敬是齐国人。汉高帝五年（公元前202年）刘敬去驻防陇西，经过洛阳，汉高帝正在那儿。娄敬放下车辕上备人牵拉的横木，穿着羊皮袄，进见齐国人虞将军说："我很想见见皇上说点要办的事。"虞将军要给他穿上华美的衣服，娄敬说："我穿着丝绸衣，就穿着丝绸衣去谒见，穿的是麻布衣，就穿麻布衣去谒见：我是始终不愿换衣的。"于是虞将军进入禀报皇上，皇上召他进见，并赏给他饭食。

然后皇上询问娄敬想说什么，娄敬说道："陛下建都洛阳，难道想要与周朝比兴盛吗？"皇上说："是的。"娄敬说："陛下夺取天下跟周朝不同。周朝的祖先自后稷起，唐尧封给他邰地，积德累善十几代。公刘躲避夏桀住到豳地。周太王因为狄族侵犯的缘故，离开豳地，赶着马匹住到岐山下，部族人民都争着跟随他。等到周文王做了西伯，解决了虞、芮两国的争端，才承受了天命，吕望、伯夷从很远的海滨来归附他。周武王讨伐商纣时，不约而同到孟津渡口会合的有八百诸侯，都说可以攻打商纣了，于是就灭掉了殷。周成王登基，周公那些人辅佐他，在洛邑营建了成周城[①]，认为这里就是天下的中心，四方诸侯都来此地交纳赋税，道路远近均等，有德

① 成周城：周公营建洛邑作为东都，分筑王城和成周城，周敬王又从王城迁都于此。

行的君主就容易成就帝王之业，没有德行的君主就容易亡国。凡是住在这里的，都希望周朝以德政对待人民，而不希望依靠地势险阻，让后代子孙骄横奢侈来虐待人民。当周朝兴盛之时，天下和睦，四方各部族，向往它的声威，仰慕它的道义和恩德，归附周朝一同侍奉天子，不要一个步兵防守，不要一个车兵战斗，八方部族大国的人民没有不顺服的，都纷纷献出他们的贡品和赋税。等到周朝衰落了，分裂成为东周、西周两个国家，天下没有谁来朝拜，周朝已失去控制能力。这并非它的德行少了，而是形势衰弱了。现在陛下从沛县丰邑起兵，收集士兵三千人，凭着他们勇往直前，席卷了蜀郡、汉中郡，平定三秦，跟项羽在荥阳会战，争夺成皋的险关，大战役七十次，小战役四十次，使天下的人民流血惨死，旷野之中老少横尸，不计其数，哭泣之声不绝于耳，伤残之躯还不能行走，想要与成康时代[①]相比，我以为不相称呢。何况秦地背靠华山，濒临黄河，四面都有天险，可作屏障，如果突然有紧急情况发生，上百万的军队可以立即齐备。秦地本来就有富饶肥沃的土地，这就是所谓‘天府’。陛下进入函谷关并在那里建都，山东地区即使乱了，秦国的旧地还是完整的。跟别人争斗，不卡住他的脖子，只是捶打他的背，是不能完全取胜的。如果陛下进入函谷关建都，据有秦国旧地，这就是卡住天下的咽喉又捶它的脊背呢。”

汉高帝询问大臣们，大臣们都是崤山以东的人，都抢着

① 成康时代：周成王、康王的时代，自从周公建立了周朝的典章制度，又主张“时德慎刑”以缓和阶级矛盾，他们都相继推行这种政策，加强了统治，旧史称为“成康之治”。

【16】

说周朝统治几百年，秦朝两代就亡了，不如建都周朝京城。皇上犹疑不决，等到留侯张良明确地说进入函谷关建都的有利条件之后，当天皇上的车马就西行定都关中。【16】

于是皇上说：“最初说建都秦地的是娄敬，‘娄’就是‘刘’嘛。”就赐娄敬姓刘，封他为郎中，称为奉春君。

汉高帝七年（公元前200年），韩王韩信反叛，汉高帝亲自去镇压他。到达晋阳，听说韩信要和匈奴联合一起共同攻打汉朝，皇上大怒，派遣使者到匈奴。匈奴藏起他精壮的士兵和肥壮的牛马，使者只看见老弱残兵和瘦弱的牲畜。十批的使者回来，都说可以进攻匈奴。皇上派遣刘敬再去匈奴察看，他回来报告说：“两国相攻击，都该夸耀显示自己的长处。现在我到了那里，仅仅看见弱兵瘦马，这一定是想显示自己的短处，埋伏下军队来出奇制胜。我认为匈奴不宜攻打。”这时汉军已过了句注山，二十多万军队已经出动。皇上生气地骂刘敬说：“齐国的奴才，你靠口舌得官，现在竟敢胡说八道阻挠我军。”便下令拘捕刘敬，关押在广武。于是继续率军前进，到达平城，匈奴果然出奇兵，把汉高帝围困在白登山，七天后才解围。汉高帝来到广武，赦免了刘敬，说道：“我没有听你的话，以致被困于平城。我已经把那十批说可以进攻匈奴的人都杀了。”于是就封赏刘敬二千户，爵位是关内侯，称为建信侯。

汉高帝从平城撤回，韩王韩信逃到匈奴。这时候，冒顿做单于，兵力强大，射手有三十万，屡屡进犯北方。皇上甚感忧虑，询问刘敬。刘敬说：“天下刚刚安定，士兵被战争弄得很疲劳，再不能以武力去征服。冒顿杀死父亲自立为单于，以父亲的嫔妃做妻子，凭借武力显威风，不能以仁义道德去说服。只可以用策略使他的子孙以后做汉朝的臣子，只恐怕陛下不能这样做。”皇上说：“如果可行的话，为什么不这样办呢！究竟该怎么办呢？”刘敬回答道：“陛下如果能以皇后生的大公主嫁给他，备厚礼恭敬地赠送给他，他知道汉朝把皇后生的女儿嫁给他，又送给他厚礼，这蛮子一定敬爱她，以她为阏氏，以后生了儿子必定当太子，替代单于。什么道理呢？是为了贪得汉朝的财物。陛下每年按时拿汉朝多余的、他们缺少的东西多次地去赠送和慰问，乘势派辩士说客以礼节去劝告。冒顿活着，固然是女婿；他死了，那么外孙就是单于，难道听说过外孙敢与外祖父分庭抗礼的吗？这样军队可以不用作战而逐渐使他们臣服。假若陛下不能送去大公主，而让皇族或后宫女子假冒公主，他也会知道，就不会尊重、亲近她，这是没有益处的。”汉高帝说：“好吧。”打算送去大公主，吕后日夜哭泣，她说：“我仅仅只有太子和一个女儿，为什么要把她抛弃给匈奴呢！”皇上始终不能送大公主远嫁，而是选了一个同族人的女儿冒称大公主，嫁给单于。于是派遣刘敬前去缔结和亲盟约。

刘敬从匈奴回来，便说：“匈奴河南的白羊和楼烦两个王，离长安最近的只有七百里，快马一天一夜就可到达秦中。秦中新近残破，居民稀少，土地肥沃，可移民来充实。那些诸侯最初起兵时，如果不是齐国的田氏各支和楚国的昭、屈、景三姓氏，是不能兴盛起来的。现在陛下虽然建都关中，其实缺少人力，北边靠近匈奴，东边有六国王族的后代，宗族强大，一旦有事变，陛下也不能高枕无忧呢。我希望陛下迁徙齐国的田姓各支，楚国的昭、屈、景三姓氏，燕、赵、韩、魏的后代，以及豪杰名家住到关中来。没有事变，可以防备匈奴；诸侯有变乱，也足以率领他们向东讨伐。这是加强中央政权，削弱地方势力的办法啊。”皇上说：“很好。”就派刘敬去把他所说的那些人迁移到关中来，有十多万。

叔孙通是薛邑人。秦朝时以文章博学被朝廷征召，为待诏博士[①]。几年后，陈胜起兵山东，使者把这事上报朝廷，秦二世召集博士儒生问道：“楚地的守边士兵攻打蕲县，进入陈县，诸位看来该怎么办呢？”三十多个博士儒生走上前来说：“天子的臣子不该图谋叛乱，图谋叛乱就是死罪，不能赦免。希望陛下赶快发兵攻打它。”秦二世大怒，变了脸色。叔孙通走上前说：“儒生的话都不对。如今天下统一，毁掉郡县的城墙，熔化了兵器，表示天下人不再用它们。何况上面有英明的君主，下面有完备的法令，使得人人尽职，四方同心，哪里敢有反叛者呢！只不过是一伙盗贼在小偷小抢罢了，哪有谈论的价值。郡守、郡尉正在捉拿审讯，何劳忧虑。”秦二世高兴地说：“好。”他又遍询众儒生，有的儒生说是反叛，有的说是盗贼。于是秦二世派御史把说陈胜等人是反叛的儒生交给法官惩办，他认为他们不该这么说。对那些说陈胜等是盗贼的就不予追究。秦二世奖励叔孙通丝绸二十匹，衣服一套，并封他为博士。叔孙通出了宫门，返回到馆舍，儒生们对他说：“您为什么说些奉承话呢？”叔孙通说：“你们不知道，我几乎落进了虎口逃不出来！”于是就逃走了，前往薛郡，那时薛郡已经投降楚军了。等到项梁到薛郡，叔

① 待诏博士：学官名。担任古今史事顾问和保管书籍。

孙通就跟随了他，项梁在定陶战死，叔孙通就跟随了楚怀王。怀王做了义帝，迁移到长沙，叔孙通留下来侍奉项羽。汉高帝二年（公元前205年）汉王率领五个诸侯的人马攻入彭城，叔孙通降了汉王。汉王失败向西撤退，叔孙通最终跟随汉军西撤。

叔孙通穿着儒生的服装，汉王很讨厌，于是他改变了他的服装，穿着短衣，是楚地的式样，汉王看了很高兴。

叔孙通投降汉王的时候，跟随而来的儒生弟子有一百多人，但是叔孙通没有向汉王推荐他们，专门推荐过去那群盗贼中的强徒。那些儒生弟子们都偷偷地骂道："服侍了叔孙通先生好几年，有幸跟随他投降了汉王，如今他不能推荐我们，专门推荐那些大刁徒，是为什么呢？"叔孙通听说以后就说道："汉王现在正冒着危险争夺天下，难道你们是能打斗的人吗？所以要先推荐那些能斩将拔旗的壮汉，你们暂且等待着我，我不会忘记你们的。"汉王封叔孙通为博士，称号是稷嗣君。

汉高帝五年（公元前202年），已统一天下，诸侯们在定陶拥戴汉王做了皇帝，叔孙通制定了朝廷的礼仪和官制。汉高帝完全取消了秦朝烦琐的礼仪，力求简便易行。大臣们在喝酒时争功，喝醉了有的就大喊大叫，拔剑砍柱子，高皇帝对此很忧虑。叔孙通知道皇上厌恶这个样子，就劝说道："那些儒生，虽难于和他们一起夺得天下，却可以与他们守住成果，我愿意去征召鲁地的儒生们，和我的弟子们一同制定朝会的礼仪。"汉高帝说："该不会太难吧！"叔孙通说："古时的乐制有变化，三王的礼仪不相同。所谓礼制，就是适应时代人情给人的言行作出节制。所以从夏朝、殷朝、周朝的礼制所继承、删减、增补的过程中，可以推知将来的礼制，就说明了古今礼制不相重复。我想略采古代礼制与秦朝礼制相结合来制定它。”皇上说：“可以试着办，但要让人们容易理解，估计我能办得到的去制定它。”

于是叔孙通奉派为使者，征召鲁地三十多个儒生。其中有两个儒生不肯同行，说道：“您服侍了将近十个君主，都是因为阿谀奉承而赢得亲近显贵。如今天下刚安定，死的还未安葬，伤的还不能行走，又想要制礼作乐。礼乐的产生，要积累德政上百年以后才能兴起。我们不能做您所做的事。您所做的不合古代规律，所以我们不跟您去。您自己去吧，不要污辱了我们！”叔孙通笑道：“你们真是鄙陋的儒生，不懂得时势的变化。”

于是叔孙通就和所征召的三十名儒生向西行，加上皇上有学问的近臣和他的弟子共一百多人，在野外牵绳索、树茅草。演习了一个多月，叔孙通说：“皇上可以去检验一下。”高皇帝看了，让他们行礼仪，便说道：“我能够做到这些。”于是就命令群臣练习，准备在十月举行朝会。

汉高帝七年（公元前200年），长乐宫建成，诸侯、君臣都参加十月的朝会。礼仪规定：天亮前，谒者主持典礼，带领所有人员挨次进入殿门，廷中排列着战车、骑兵、步兵和侍卫官员，设置了武器，竖起了旗帜；然后传令“快步走”，殿下面郎中夹着台阶排列，台阶上共有数百人；功臣列侯、众位将军、军官按次序排列在西方，面向东方站立，文职官员从丞相以下依次排列在东边，面向西方站立；大行设置九个傧相[1]，从上往下传话；这时皇帝的辇车出房，众官员举着旗帜传呼警戒，引导诸侯王以下直到六百石级的官员依次朝拜皇帝；从诸侯王以下的官吏没有不诚惶诚恐、肃然起敬的；等到礼仪完毕，再举行朝廷的正式宴会，凡是陪坐在殿上的官员都俯伏着、低垂着头，按官职的高低次序起立为皇上敬酒祝福；酒过九巡，谒者宣告“宴会结束”，御史执行纪律，把凡是不遵照礼仪的人带出去。在整个朝会和酒宴中，没有喧哗失礼的人。于是汉高帝说：“我今天才知道做皇帝的尊贵呢。”就封叔孙通为太常，赐黄金五百斤。

叔孙通乘机进言道：“众儒生弟子跟随我们很久了，和我一起制定礼仪，希望陛下任命他们做官。”汉高帝封他们都为郎[2]。叔孙通出宫，把那五百斤黄金都分赐给众儒生。儒生们都欢喜地说：“叔孙先生确实是圣人，懂得当代的重要任务。”【17】

汉高帝九年（公元前198年），汉高帝提升叔孙通做太子太傅[3]。汉高帝十二年（公元前195年），汉高帝想以赵王如意替代太子。叔孙通劝说皇上道：“从前晋献公因为宠幸骊姬的缘故废掉太子，改立她的儿子奚齐，结果晋国乱了几十年，为天下所取笑。秦国因为不早定扶苏为太子，使得赵高假传圣旨立了胡亥，使自己灭绝了后代，这都是陛下亲眼所见。如今太子仁义孝顺，天下人都知道；吕后与陛下共历苦难，难道可以背弃她吗？陛下一定要废掉嫡子立小儿子，

---

① 傧相：接待宾客的官员。

② 郎：帝王侍从官的通称。

③ 太子太傅：官名，负责辅导太子。

【17】

我愿意先受死刑，以颈血染地来表白我的态度。”汉高帝说：“你算了罢，我是说着玩的。”叔孙通说：“太子是天下的根本，根本动摇了，天下就受到振动，为什么要以天下大事说着玩呢！”汉高帝说：“我听从您的。”到皇上举行宴会，见到留侯所招来的客人跟随太子进见，皇上这才没有了换太子的打算。

汉高帝逝世，汉惠帝登位，就对叔孙先生说：“先帝的坟墓和祠庙，群臣都不熟悉。”因此调他再做太常，制定宗庙的仪法。以后逐步制定的汉朝各项礼仪制定，都是叔孙通作太常时所讨论著述的。

孝惠帝为了到城东朝拜吕太后，间或有小谒见，时常开路清道、禁止通行，烦扰了人民，于是就在高楼间修建架空的天桥，正好修在武库南边。叔孙先生报告工作，顺势请求跟皇上密谈，他说：“陛下为什么擅自修建天桥在高帝衣冠每月出游高庙的通道上面呢？高庙，是汉朝的始祖庙，为什么让后世子孙在宗庙通道上面走呢？”孝惠帝害怕极了，忙说道：“赶快拆掉。”叔孙先生说：“国君不能有错误的行动。如今已经做了，百姓都知道了，现在把它拆了，就表示是个错误。希望陛下在渭河北岸建立别庙，让高帝陵寝的衣冠每月出游那里，进一步广建宗庙，是大孝的根本。”皇上于是下令专职官员另建别庙。别庙的兴建，就是由于天桥的原因。

孝惠帝曾在春天到离宫去游玩，叔孙先生说：“古代有在春季品尝鲜果的习惯，现在樱桃正熟，可以向宗庙供献，希望陛下出游时，顺便拿樱桃进献。”皇上答应了这件事。此后向宗庙供献果品的制度由此兴起。

太史公说：古语说，价值千金的皮衣，不是一只狐狸的腋皮；高楼大厦的椽子，不是一棵树的枝条；三代盛世的功业，不是一个士人的才智。的确呀！汉高帝出身低贱，平定全国，筹划计谋，带兵打仗，可说是全都具备了啊。然而刘敬放下车辕上的横木提了一次建议，就使得世世代代安定，才智难道是可以垄断的吗！叔孙通观察世俗，考虑事务，制定礼仪，进退去留，随着时势而变化，终于成为汉代的儒家大师。“最直的好像弯曲的，由于客观规律本来就是曲折发展的。”也许说的就是这种情况吧！

知识拓展

拔剑论功

释义：争论功劳激烈到几乎动武。

出处：《史记·刘敬叔孙通列传》：“高帝悉去秦苛仪法，为简易。群臣饮酒争功，醉或妄呼，拔剑击柱，高帝患之。”

肝脑涂地

释义：原指惨死。后指做事不惜一切代价，乃至牺牲生命。

出处：《史记·刘敬叔孙通列传》：“大战七十，小战四十，使天下之民肝脑涂地，父子暴骨中野。”

史记卷一百

季布栾布列传

扫描二维码
阅读本篇原文

季布　朱家　滕公　曹丘　季心　栾布

季布是楚国人。他好逞意气，凭借气力打抱不平，在楚地出了名。项羽让他带兵打仗，曾多次困窘汉王。等到项羽灭亡后，汉高祖刘邦悬赏千金，捉拿季布，如果有敢于收留隐藏他的，也要罪连三族。季布当时躲在濮阳一户姓周的人家里，周家的人说："汉朝捉拿你很紧急，即将追踪到我家，将军如果能听从我，我胆敢献计，如果不能，我愿意先自杀。"季布答应了他。于是周家的人就让季布剃去头发，用铁箍束颈，穿上粗布衣服，把他放在运载货物的大车里，连同周家的奴仆数十人，一起送到鲁地朱家的住所，将他们卖掉。朱家心里知道是季布，就买下来，将他放在田庄上，并告诫他的儿子说："耕作的事听从这个奴隶，一定让他跟你吃同样的伙食。"朱家于是乘坐轻便马车到洛阳，拜见汝阴侯滕公夏侯婴。滕公留在朱家喝了几天酒。于是朱家趁机对滕公说："季布有什么大罪，皇上这样急着要捉到他？"滕公说："季布曾经为项羽带兵，几次困窘皇上，皇上怨恨他，所以一定要捉到他。"朱家说："您看季布是怎样的人？"滕公说："是一个有才能的人。"朱家说："做臣子的各为其主效劳，季布为项王效劳，是职分内的事。项王的臣子难道能都杀掉吗？现在皇上刚刚统一天下，仅凭自己的私怨追捕一个人，为什么向天下显示自己的胸怀太不宽广啊！况且凭着季布的才能，汉朝追捕这样急迫，这样他不向北逃往匈奴，便向南逃往南越。由于忌恨勇士而帮助了敌国，这就是伍子胥之所以鞭打楚平王尸体的原因。您何不趁机会向皇上说明呢？”滕公了解朱家侠义，料想季布藏在他家里，就答应道：“好吧。”等到有了机会，果真按朱家的意思向皇上进言。皇上就赦免了季布。当时社会上的知名人士都推重季布能适应形势，变刚强为柔顺。朱家也以这件事闻名于世。季布被召见，表示认罪，皇上封他为郎中。

汉惠帝时，季布提任中郎将①。单于曾经写信侮辱吕后，很不恭顺，吕后大怒，召集众将领商议这件事。上将军樊哙说：“臣愿带领十万人，横扫匈奴。”众将领都迎合吕后的意思，都说：“可以。”季布说：“樊哙该杀头！高帝从前带领四十多万士兵，还被困于平城，如今樊哙怎么能以十万士兵横扫匈奴，这是当面撒谎！何况秦朝因为对匈奴用兵，引得陈胜等起事。至今创伤还没有医治好，樊哙又当面阿谀逢迎！想使天下动摇。”这时殿上众将领都很惊恐，太后宣布退朝，就再没有商议打匈奴的事。

季布担任河东郡守时，汉文帝在位，有人说他有才能，汉文帝召见他，想任他为御史大夫。又有人说他勇敢，酗酒任性，难以成为皇帝的亲近大臣。季布来到京城，在客馆里居留了一个月，被召见后，遣回原郡。季布因此进言说：“我没有什么功劳窃取皇上的宠信，在河东郡任职。陛下无缘无故召见我，这一定有人夸我而蒙哄陛下，现在我来了又没有接受什么

---

① 中郎将：官名，秩比二千石。秦时，中郎为皇帝的近卫官，至西汉分为五官，左、右三署，各署由中郎将统率。

任务，就遣回原郡，这一定是有人在陛下面前毁谤我。陛下因为一个人的赞誉而召见我，又以一个人的毁谤而遣送我，我恐怕天下有识之士听到这件事后，窥察到陛下的深浅哩。”皇上沉默了很久，感到很惭愧，半天才说：“河东郡像我的手足一样重要，所以特地召见你。”季布告辞皇上，回到河东任原职。

楚地人曹丘先生，擅长辞令，几次借重权势获取钱财，侍奉宦官赵同①等贵人，与窦皇后的哥哥窦长君要好。季布听说这件事，就写信劝窦长君说：“我听说曹丘先生不是性情谨厚的人，不要和他交往。”后来曹丘先生回乡，想要窦长君写封信，介绍自己去见季布。窦长君说：“季将军不喜欢您，您不要去。”曹丘再三请求，终于得到这封信，于是就起程。曹丘派人先把介绍信送给季布，季布果然大怒，等待着曹丘的到来。曹丘到后，向季布行了一个拱手礼，说道：“楚地人传说，‘得黄金百斤，比不上得到季布的一个允诺’，您怎么会在梁、楚一带地方得到这样的名声呢？况且我是楚地人，您也是楚地人。我把您的名字四处宣扬给天下人知道，难道就没有本事吗，为什么您要这样坚决地拒绝见我呢！”季布于是大喜，引曹丘进入内室，留他住了几个月，待为上宾，又送给曹丘丰厚的礼物。季布的名声之所以日益显著，是曹丘宣扬的结果啊。【18】

季布的弟弟季心，勇气胜过关中②所有的人，他对人谦恭谨慎，因为行侠仗义，方圆几千里的士人，都争着为他效命。

---

① 赵同：指受汉文帝宠幸的宦官赵谈。司马迁因避父司马谈名讳，改“谈”为“同”。

② 关中：这个地区位于四关——东函谷关、西散关、南武关、北萧关之中，故称关中。

季心曾杀过人，逃亡到吴地，躲藏在袁丝家里。季心以侍奉长辈的礼节对待袁丝，把灌夫、籍福等人当弟辈看待。季心曾经担任中司马①，中尉郅（zhì）对他也不敢不以礼相待。青年人多常常偷偷地假借他的名义办事。那时候，季心因为勇敢，季布因为重诺言，在关中名声显著。

季布的舅舅丁公担任楚军将领。丁公曾经在彭城西面替

① 中司马：中尉下属的辅佐官员。

项羽追逐汉高祖，两人短兵相接，高祖着急，回头对丁公说：“我们两个好汉难道要互相为难吗！”于是丁公领兵返回，汉王便脱身解围。等到项羽灭亡以后，丁公拜见高祖。高祖把丁公捆起来押到军营中示众，说道：“丁公做项王的臣下不能尽忠，使项王失去天下的，就是丁公啊！”于是就斩了丁公，说道：“让后代做臣下的人不要仿效丁公！”

栾布是梁地人。当初梁王彭越当平民时，曾经与栾布交往。栾布贫困，在齐地被人雇用，替卖酒的人家做佣工。几年以后，彭越到巨野泽做强盗，栾布被人劫持出卖，在燕地做仆人。因为替他的主人家报了仇，燕将臧荼推荐他当都尉。臧荼后来当了燕王，以栾布为将领，后来臧荼叛变，汉朝进攻燕国俘虏了栾布。梁王彭越听说这件事，就向皇上进言，请求替栾布赎罪，让他担任梁国的大夫。

栾布出使齐国，还没有回来，汉朝征召彭越，以谋反罪责罚彭越，诛杀了彭越三族。随后又将彭越的头悬挂在洛阳城门示众，并下令道："有敢于收敛或看顾彭越头的，立即捉住。"栾布从齐国回来，在彭越的头下面回报，祭祀而且痛哭，官吏逮捕了栾布，并报告皇上。【19】皇上召见栾布，骂他道："你与彭越一同谋反么？我禁止人收敛他，你偏要祭他哭他。你参与彭越谋反已经很清楚了。赶快烹杀栾布。"正在举起栾布走向汤镬（huò）的时候，栾布回头说："我希望说一句话再死。"皇上问："什么话？"栾布说："当皇上被困于彭城，兵败于荥阳、成皋之间的时候，项王之所以不能顺利西进，只是因为彭王据守着梁地，跟汉军联合困扰着楚军呢。当那时，彭王若偏重一边，亲附楚，汉就失败；支援汉，楚就失败。况且垓下会战，无彭王，项王就不会亡。现在天下已经平定，彭王剖符受封，也想要世世代代地传下去。现在陛下一向梁国征集军队，彭王因病不能前来，陛下就产生怀疑，认为他谋反，谋反的形迹还没有显露，却苛求小事诛灭他的家族，我恐怕有功之臣都会人人自危了。如今彭王已死，我生不如死，请就汤镬吧。"于是皇上就赦免了栾布的罪过，封他为都尉。

汉文帝时，栾布担任燕国丞相，官做到将军。栾布宣称：“穷困时不能降志辱身，不是好汉；富贵时不能称心快意，也不是贤才。”于是曾经有恩于他的，栾布就优厚地报答他，曾经跟他结怨的，栾布就以法律手段消灭他。吴、楚七国反叛时，栾布因军功被封为俞侯，再次提任燕国丞相。燕、齐一带都为栾布建造祠庙，叫作“栾公社”。

汉景帝中元五年（公元前 145 年），栾布去世。儿子栾贲继承侯爵，担任太常，后因祭祀时所用的牲畜不合法令的规定，封国被废除。

太史公说：因为项羽崇尚力气，所以季布以勇气闻名于楚，他亲身战胜敌军拔取敌旗多次，可称得上好汉。然而当他遭受刑罚，替人做奴仆而不愿轻易死去，是何等卑下啊！他一定是相信自己的才能，所以虽受屈辱而不以为羞耻，是想要发挥他还没有施展的才能，所以最终成为汉朝名将。有才能的人看重他的生命。奴婢、姬妾一类低贱的人因为感触愤慨就去自杀，不能算是勇敢，只不过是她们的谋虑无法实现而已。栾布哭彭越，把赴汤就死看成回家一样，他确实知道人死的价值，不顾惜自己的生命。即使是古代重义轻生的烈士，又怎能超过他呢！

知识拓展

一诺千金

释义：指许下的一个诺言有千金的价值。比喻说话算数，极有信用。

出处：《史记·季布栾布列传》：“得黄金百，不如得季布一诺。”

北走胡，南走越

释义：胡：古代北方少数民族；越：古代南方少数民族。形容一个人诚实有信，受人尊敬。

出处：《史记·季布栾布列传》：“今上始得天下，独以己之私怨求一人，何示天下之不广也！且以季布之贤而汉求之急如此，此不北走胡即南走越耳。”

计无复之

释义：再无别的办法可想，不得不这样。

出处：《史记·季布栾布列传》：“夫婢妾贱人感慨而自杀者，非能勇也，其计画无复之耳。”

史记卷一百零一

袁盎晁错列传

扫描二维码
阅读本篇原文

袁盎　绛侯　淮南王　汉文帝　申屠嘉　晁错　汉景帝

袁盎是楚国人，字丝。他父亲曾经合伙做强盗，迁居安陵。高后时，袁盎曾做过吕禄的门客。到孝文帝登位后，袁盎的哥哥袁哙任命袁盎为中郎[①]。

绛侯周勃担任丞相，退朝后快步走出，得意扬扬。皇上很恭敬地待他，经常亲自送出。袁盎向上进言：“陛下认为丞相是什么人？”皇上答道：“国家的重臣。”袁盎说：“绛侯是功臣，而不是重臣。重臣与君主共存亡。当初吕后在位时，吕氏家族掌权，擅自封王，刘家天下危在旦夕。那时绛侯担任太尉，掌握兵权，不能拨乱反正。吕后去世，大臣们一起反叛吕氏家族政权，太尉掌握兵权，正好帮助他们成功，所以他是功臣，不是重臣。丞相如果对君主表现出骄傲的神色，陛下谦虚退让，这就违背了君臣之礼，我认为陛下不应该这样做。”后来上朝，皇上逐渐庄严，丞相则逐渐畏惧。不久，绛侯责备袁盎说道：“我与你哥哥关系很好，你小子却在皇上面前毁谤我。”袁盎坚持不认错。

等到绛侯被罢去丞相来到封国，老百姓告发他反叛，绛侯被抓，囚禁在狱中，皇室和诸公卿都不敢替他说话，只有袁盎申明绛侯没有罪过。绛侯获释，袁盎出了大力，绛侯于是与袁盎结为深交。

---

① 中郎：官名，即宿卫侍从。

淮南王刘长进京朝见，杀了辟阳侯审食其，举止骄横。袁盎劝说皇上道："诸侯王骄横一定引起祸害，应减少他的封地来惩罚他。"皇上没有采纳他的建议。等到发现棘蒲侯柴武的太子谋反，审理案件，牵涉到淮南王时，淮南王被召见，皇上便将他流放到蜀地，用囚车送行。袁盎当时担任中郎将，就劝谏皇上说："陛下一向骄纵淮南王，毫无限制，以致达到这种地步，现在又威逼他。淮南王为人刚烈，如果路上遇到风寒死去，陛下会被认为天下之大不能相容，背上杀死弟弟的名声，怎么办呢？"皇上没有听从他的建议，依旧行事。

淮南王走到雍县病死，皇上听说后吃不下饭，哭得很悲伤。袁盎进去，磕头请罪。【20】皇上说："因为我不听从你的意见才会这样呀。"袁盎劝道："皇上请宽心，这事已经过去，难道可以后悔吗？况且陛下有三件高出世人的行为，这件事不会损坏您的名望。"皇上问："我有哪三件高于世人的行为？"袁盎回答："陛下做代王时，薄太后曾经得病，陛下三年不曾合眼，不脱衣睡觉，汤药不经陛下亲口尝试不能进献。曾参作为百姓尚难做到，现在陛下作为君王却做到了，这远远超过曾参的孝心。吕氏家族掌权，但陛下从代国乘坐六辆下等的马车驶向祸难临头的京城，即使孟贲、夏育这样的勇士也比不上陛下。陛下到达代王官邸，向西坐着两次辞让王位，向南坐着三次辞让王位，许由只辞让一次而陛下五次辞让王位，超过许由四次了。再说陛下流放淮南王，是想让他心志劳苦，改正过失，有司护卫不谨慎，所以他病死了。"于是，皇上内心稍感宽慰，问："我怎么办呢？"袁盎说："淮南王有三个儿子，看陛下如何安排了。"所以，

文帝封他的三个儿子都为王。袁盎因为这件事名重朝廷。

袁盎经常讲大道理，慷慨激昂，宦官赵同因多次受到皇上宠幸，时常诋毁袁盎，袁盎很忧虑。袁盎哥哥的儿子袁种担任常侍骑[①]，手持符节在皇帝左右护卫，劝导袁盎说：“您与他针锋相对，在朝廷上羞辱他，使他的诋毁无用。”孝文帝外出，赵同陪同乘车，袁盎拜伏在车前说：“我听说陪同

① 常侍骑：侍从皇帝的骑士。

天子乘坐高大马车的，都是国家的英雄豪杰。当今汉朝虽然缺乏英才，但陛下为什么单与形体不全的一起坐车呢？”于是皇上笑起来，让赵同下车，赵同哭着下了车。

文帝从霸陵上山，想从西边高峻的山坡奔驰而下。袁盎骑着马，紧挨着皇上的马车，挽住马缰绳。皇上问：“将军害怕吗？”袁盎回答：“我听说，家有千金的人不坐在屋檐边，家有百金的人不靠在楼台的栏杆上，圣明的君主不冒险侥幸取得成功。现在陛下放纵驾车的六匹马，从山坡奔驰而下，假使马惊车毁，纵然陛下看轻自己，怎么对得起高祖、太后呢？”皇上就此罢休。

皇上游览上林苑，皇后、慎夫人随从。他们在宫中常坐在一起。到就座时，袁盎把慎夫人的座位往后拉一下，慎夫人生气不肯就座。皇上也生气了，起身走进宫中。袁盎便上前劝谏道：“我听说尊卑有序则上下和睦。现在陛下已经封立皇后，慎夫人为妾，妾与君主难道能坐在一起吗！这正是失去了尊卑的次序。况且陛下宠爱她，就赐给她重赏。陛下这样对待慎夫人，正是害了她。陛下没听说过‘人彘（zhì）’吗？”于是皇上才高兴起来，叫来慎夫人，慎夫人赐给袁盎黄金五十斤。

但是，袁盎也因多次直谏，不能长久留在朝廷，被调到陇西担任都尉。他爱护士兵，士兵争先恐后替他效死力。他调到齐国做丞相，临辞别时，袁种对袁盎说：“吴王刘濞骄横已久，国家多奸臣。现在如果您揭发，惩办他们，他们不是上书控告您，就是暗杀您。南方地低潮湿，您每天喝酒，不要管别的事，时时劝说吴王不要谋反就平安无事了。”袁盎采用袁种的计谋，吴王优厚地待他。

袁盎请假回家，路上碰到丞相申屠嘉，下车拜见丞相，丞相在车上向袁盎表示谢意。袁盎回到家中，面对下属感到羞愧，就到丞相府上拜见丞相。丞相很久才出来会见他。袁盎便跪着说：“请求您单独接见。”丞相说：“如果你谈公事，去官署和长史属官谈论，我将你的意见上奏；如果谈私事，我不想接待。”袁盎就跪着劝道：“您身为丞相，自己与曲逆侯陈平、绛侯比一比？”丞相回答：“我不如他们。”袁盎接着说：“对，您自己认为比不上。陈平、绛侯辅助高帝，平定天下，作为将相，诛杀吕氏家族，保存刘家天下；您仅从一个骑射武士，提升为小队长，积累功劳做到淮阳郡守，没有出奇计攻城夺地的战功。况且陛下来自代国，每次上朝，郎官呈上报告，没有哪次不停下车听取他们的意见，不能采用的意见放起来，可接受的意见就采用，从来没有不说好的。为什么呢？就是想用此法招引天下的贤士和官吏。皇上每天听到自己不曾听到的事物，明了自己不曾明了的道理，日益圣明；您如今自己封闭天下人的口，日益愚蠢。以圣明的君主来责备愚相，您遭祸的日子不久了。”丞相于是拜谢袁盎说：“我是一个粗人，不谙世事，幸亏将军指教。”拉袁盎进里屋一起坐下，作为他尊贵的客人。

袁盎一向与晁错关系不好，晁错所待的地方，袁盎就离开，袁盎待的地方，晁错也离开，两人没有在一间房里说过话。等到孝文帝去世，孝景帝登位，晁错被任命为御史大夫，派官员查核袁盎接受吴王刘濞财物一案，将其判刑下狱，后来得到皇帝诏令赦免，被削为庶人。

吴王、楚王发动叛乱，消息传来，晁错对丞史[1]说：“袁盎多次接受吴王的金钱，专门替他掩饰，说吴王不会反叛。当今吴王果然反叛，请求惩办袁盎，他应该知道其中的阴谋。”丞史说：“事情没有暴露，惩办他会中断阴谋。现在军队向西进发，惩办他有什么好处！况且袁盎不应该有什么阴谋。”晁错犹豫不决。有人告诉了袁盎，袁盎惊恐不安，连夜求见魏其侯窦婴，对他说明吴王反叛的原因，愿到皇上面前对质。窦婴进宫报告了皇上，皇上就召见袁盎进宫。晁错在廷前，等袁盎请求单独接见，晁错恨恨地离去。袁盎对景帝说：“吴王谋反的原因，是因为晁错的缘故，只有速斩晁错以答谢吴王，吴军才会罢休。”这些言论记录在《吴王濞列传》中。皇上任命袁盎为太常，窦婴为大将军[2]。这两人一贯友好。到吴王谋反时，长安及其附近县中的贤士及官员争先恐后地投奔两人，跟随他们身后的车子每天有好几百辆。

晁错被诛杀后，袁盎以太常的身份出使吴国。吴王想让他做将军，他不肯。吴王想杀掉他，派一都尉带领五百人围守在袁盎的军营。袁盎当初做吴国丞相时，有一属吏曾经与袁盎的婢女私通，袁盎知道后没有通告，且像以前一样对待他。有人告诉这个属吏说：“袁盎知道你与婢女私通。”属吏便逃回家了。袁盎骑马追赶，终将婢女赐给他，仍旧让他担任属吏。等到袁盎出使吴国被围困，属吏正巧是围守袁盎的校尉司马[3]，就用全部行装换了二石美酒，正遇天寒地冻，

① 丞史：御史大夫的辅官。
② 大将军：将军的最高称号，职掌统兵征战。
③ 校尉司马：武官，掌军政和军需听官员。

士兵饥渴，喝醉后，西南角的士兵都躺下了，校尉司马趁夜色带领袁盎起身，说：“您只管离去，吴王打算明天早上杀您。”袁盎不相信他的话，问：“您是干什么的？”校尉司马回答：“我就是从前那个与您婢女私通的属吏。”袁盎惊喜，辞谢道：“您有父母，我怎么能连累您呢。”校尉司马说：“您只管离去，我也逃走，将父母藏好，您不用担心什么！”就用力砍开军营帐幕，引导袁盎从醉兵把守的路上逃出。【21】

校尉司马与袁盎相背而行，袁盎解开节旄（máo）揣在怀里，拄着旄节，步行了七八里，天亮时，碰见梁国骑兵，骑马奔驰而去，终于将情况回报朝廷。

吴、楚叛乱已被平息，皇上改封楚元王的儿子平陆侯刘礼为楚王，袁盎为楚相。袁盎曾经上书言事，没有被采纳。袁盎称病辞职回家，入乡随俗，与街坊邻居们一起游玩，斗鸡赛狗。洛阳游侠剧孟曾拜访袁盎，袁盎热情地款待他。安陵有个富人对袁盎说："我听说剧孟是个赌徒，将军为什么与他结交？"袁盎说："剧孟虽然是个赌徒，但是他母亲去世，却有一千多辆送葬的客车，这也是因为他有超过别人的地方。况且紧急时候人都会碰到。一旦有急事敲门，不因为双亲在而推脱，不因为离家而解释，天下仰望的人，只有季心、剧孟。如今您身后常跟随着几个骑士，一旦有急难之事，难道能依靠他们吗？"他斥责那个富人，不与他来往。诸公卿听到这件事，都推崇袁盎。

袁盎虽待在家中，景帝时常派人来询问计谋策略。梁王刘武想请求成为皇上的继承人，袁盎进言劝说梁王，议论便停止了。梁王因此怨恨袁盎，曾派人刺杀他。行刺者到达关中，问起袁盎，大家对他满口称赞。于是他拜见袁盎说："我接受梁王的金子前来刺杀您，您是个品德高尚的人，我不忍心杀死您。但是随后刺杀您的还有十多个，多加警惕！"袁盎闷闷不乐，家里又发生一些怪事，便到术数士那里占卜问凶吉。返回家的路上，另一个梁国刺客在安陵城门外拦住袁盎，将他刺死。

晁错是颍川人，曾经在轵（zhǐ）县张恢先生的处所学习申不害、商鞅的刑名学说，与洛阳人宋孟、刘礼同一个老师。他因为通晓文献典籍，担任了太常掌故①。

晁错为人严峻、刚直、苛刻。孝文帝时，全国没有研究《尚书》的人，只听说济南郡有一位伏先生原是秦朝的博士，研究《尚书》，九十多岁了，年事已高不能应征。皇上诏令太常派人去学习，太常派晁错去伏先生处所学习《尚书》。返回后，趁着汇报便国宜民之事，引用解说《尚书》。皇上诏令他为太子舍人、门大夫、家令②。因为他善于辩论得到太子的宠爱，太子家中称他为“智囊”。孝文帝在位时，他多次上书，陈述削减诸侯和修改法令的事情。上书几十次，孝文帝没有采用，但是认为他是个奇才，提拔为中大夫。当时，太子赞赏他的计谋，袁盎和各位大臣都不喜欢晁错。

汉景帝登位，任命晁错为内史。晁错多次请求单独谈论政事，景帝言听计从，宠爱超过了九卿，法令被多次修改。丞相申屠嘉内心不满，但无力伤害他。内史府修在太上庙③内外墙的空地间，门向东开，进出不方便，晁错便派人挖开太上庙的围墙，在南面开通两扇门进出。丞相申屠嘉听说这件事非常气愤，想借这个过失奏请皇上诛杀晁错。晁错听说后，连夜请求单独面见皇上，向皇上详细说明这件事的经过。丞相上朝奏事，说起晁错擅自挖开太上庙的围墙做门，请求交给廷尉诛杀。皇上说：“那不是太上庙的围墙，是庙外空地上的围墙，不牵涉到法律。”丞相谢罪，退出朝廷气冲冲

① 太常掌故：太常的属官。

② 太子舍人、门大夫、家令：皆太子属官。

③ 太上庙：指汉高帝父太上皇庙。

地对长史说："我本该先斩后奏，却先奏请皇上，被那小子出卖了，这就是个错误。"丞相突然发病身亡。晁错因此愈加显贵。

晁错被提升为御史大夫，请求皇上查处诸侯的罪过，削减他们的土地，收回邻近郡县的领土。奏章递上去，皇上命令大臣、诸侯、皇族一起讨论，没有谁敢诘难，只有窦婴据理力争，从此与晁错产生隔阂。晁错修改的法令有三十章，诸侯们都吵吵闹闹、痛恨晁错。晁错父亲听说这件事后，从颍川来见晁错，对他说："皇上刚刚登位，您执政掌权，削减诸侯，疏远别的骨肉，人们议论纷纷多怨恨您，为什么这样做？"晁错说："本应如此。不这样做，天子不会尊贵，国家不会安宁。"晁错父亲说："刘家天下安宁了，但晁家就危险了，我离开您回老家了！"于是喝毒药自杀，说："我不忍心看到灾祸落到自己身上。"死后十多天，吴、楚等七国果然发动叛乱，用诛杀晁错为借口。等到窦婴、袁盎进言劝谏，皇上就诏令晁错穿着朝服在东市[1]斩首。

晁错死后，谒者仆射邓公担任校尉，攻打吴楚的军队时担任将领。回京城后，他上书报告军事情况，觐见皇上。皇上问道："你从军中来，听到晁错死了，吴楚的军队退了没有？"邓公说："吴王蓄意谋反已经有几十年了，因为您削减他的封地而发怒，以诛杀晁错为名义，他的本意并不在晁错呀。再说我担心天下的人从此都将闭口，再也不敢进言了。"皇上说："为什么呢？"邓公说："晁错担心诸侯强大了不能够制服，所以请求削减诸侯的封地，借以尊崇朝廷，这实

① 东市：长安市街，为执行死刑的地方。

在是关乎万世的好事啊。计划才开始实行，竟然遭到杀戮，对内堵塞了忠臣的口，对外反而替诸侯报了仇，我私下认为陛下这样做是不可取的。”于是景帝沉默了好久，说：“您的话很对，我也悔恨这件事。”于是任命邓公担任城阳中尉。

邓公是成固人，有许多出人意料的妙计。建元年间，皇上招纳贤良之士，公卿们都推举邓公，当时邓公免官，便由在家闲居起用做了九卿。一年之后，又推说有病辞职回家。他的儿子邓章因为研究黄帝、老子的学说在朝廷大臣之间很有名望。

太史公说：袁盎虽然不爱读书，却善于融会贯通，本性仁慈，引用道理，慷慨激昂。正逢孝文帝刚刚登基，才智因时而发挥。随着时间推移，事情发生变化，到吴、楚叛乱提出一条建议。建议虽被采纳，然而再没有成就大业。喜爱名声、夸耀才能，终于因为名声而招致灾祸。晁错做太子家令的时候，多次进言政事没有被采用；后独掌大权，多次更改法令。诸侯发动叛乱，不迅速挽救大局，却想报私仇，反因此遭到杀身之祸。古语说：“改变古制，扰乱常规，不是身死，就是逃亡。”难道说的不是晁错等人吗！

史记卷一百零二
张释之冯唐列传

扫描二维码
阅读本篇原文

张释之　汉文帝　冯唐　魏尚　汉景帝

张廷尉，名释之，是堵阳人，字季。【22】入朝做官之前与哥哥张仲生活在一起。因家中的资财比较丰饶，被朝廷选作骑郎[①]，在汉文帝手下做事，十年没有升迁的机会，也没有什么知名度。张释之觉得自己长期在外做官，反而耗减了哥哥的家产，很是过意不去。因此，想自动免去官职回归故里。中郎将袁盎知道他是个贤才，舍不得他走，就奏请汉文帝让张释之补了谒者的空缺。张释之因此上朝谢恩，趁机向汉文帝陈述利国利民、应兴应革的事。汉文帝说："你不要发太高的议论，要讲些当前可以施行的。"于是，张释之谈起了秦与汉之间的事，讲了很久关于秦朝之所以灭亡而汉朝之所以兴盛的道理。汉文帝称赞他讲得好，就授给他谒者仆射的官职。

一次，张释之随汉文帝出行到上林苑，在蓄养着老虎的笼槛前观赏。汉文帝询问上林尉[②]，苑中登记在册的禽兽究竟有多少。问了十几个问题，上林苑的官员们面面相觑，没有一个能够回答得上来的。这时，虎圈啬夫[③]在旁边十分详细

① 骑郎：官名，皇帝外出时，骑马护卫皇帝的郎官。西汉规定，家资般实至五百万钱的，可以为郎官。郎官一般品秩不高，但却是士人做官为宦的一个阶梯。

② 上林尉：官名。在上林苑管理有关事务的官员。汉代在上林苑共置八丞十二尉。

③ 虎圈啬夫：上林苑中管理虎圈的小官吏。

地回答了汉文帝提出的问题。他有意在皇帝面前显示自己的才能，随口应对就像回声那样快，没有个穷尽。汉文帝很是高兴，说："做官难道不应当如此吗？那些官员们真靠不住。"于是命令张释之授予那个啬夫上林令[①]的官职。张释之过了许久对汉文帝说："陛下认为绛侯周勃这个人如何呢？"汉文帝说："他是个忠厚的长者。"张释之又问："东阳侯张相如呢？"汉文帝说："他也是个忠厚的长者。"张释之说："这两个人都被人称为忠厚长者，但他们在议论事情时，有时连话都说不出来。难道要引导人们像这个啬夫那样专注于喋喋不休的伶牙利口吗？想当初秦朝就任用了一些专门舞文弄墨的官吏，他们争相以办事紧急，苛刻督责别人的过错来

① 上林令：官名。掌管上林苑事务。其品秩不详。

争强夺胜，然而那样做的弊端都只不过是照章办事罢了，丝毫没有什么出自内心的仁慈感情。因而也就觉察不到政事的弊病，江山社稷只传到秦二世便土崩瓦解了。现在因为啬夫口齿伶俐就提拔，恐怕天下人随声附和，争相浮夸而不讲究实际。下面仿效上面快于影子随形和回响随声，因此，上面干什么不干什么，不能不谨慎从事。”汉文帝听了张释之的话，连声说好，收回了提拔啬夫的成命。

回去时，汉文帝招呼张释之跟他同车，车马缓缓徐行，一路上汉文帝问秦朝之所以失败的道理，张释之把所知道的原原本本全都据实相告。回宫之后，汉文帝授予张释之公车令[①]的官职。

不久，太子刘启与梁王刘武，同坐一辆车入朝，到了司马门，还不下车，径直往里行进。张释之追上他们，阻止他们进入殿门，同时检举他们这样做是犯了不敬罪。汇报上去，薄太后知道了这件事。汉文帝摘下帽子赔罪说：“都怪我教导儿子不严。”薄太后这才派使者传令，赦免太子和梁王，他俩然后才得以进宫。汉文帝从这件事发现张释之是个不同寻常的人，就任命他为中大夫。【23】

不久，张释之的官职升为中郎将。一次随汉文帝出行到霸陵。文帝登上霸陵，向北远望。这时慎夫人跟随在旁，文帝指着去新丰县的路对慎夫人说：“这便是向你故乡邯郸去的路啊！”于是，汉文帝让慎夫人弹瑟，自己和着音节唱歌，表达凄凉悲伤的心情。一曲唱完，回头对群臣说道：“唉，

---

① 公车令：即公车司马令。官名，秦始置，汉沿袭，属卫尉。掌守司马门，凡天下吏民上书及四方贡献，也由其领受转达。秩六百石。

如果拿北山的好石头做外椁，用剁细的纻絮和棉絮在椁口铺匀，然后再用漆汁粘合起来，难道还能打得开吗！”两旁的文武官员都随声附和说：“好！”张释之向前说道：“如果有可以引起贪欲的东西，就是封在南山里，也还是有缝隙；如果里面没有可以引起贪欲的东西，就是没有棺椁，也没有什么可忧虑的。”汉文帝称赞他说得对。这以后，便提拔张释之做了廷尉。【24】

又过了不久，汉文帝出行经过中渭桥，有个人突然从桥下跑出来，惊了为文帝驾车的马，于是文帝派卫士捉住了那个人，交给廷尉治罪。张释之审问那个人，那人说：“我从乡下来这里，听到清道戒严，赶紧躲到桥下。过了很久，以为皇上的车驾已经过去了，就走出来，出来一看，皇上的仪

仗还没过完，就马上转身逃走。”张释之认为这个人只不过是犯了犯跸（bì）罪[1]，按律法应处以罚金，就如实向汉文帝汇报了情况。汉文帝听后大怒道：“这个人惊了我的马，幸亏我的马训练得脾性温和不暴躁，假使换了别的马，岂不要翻车伤我吗！可你仅仅判他罚金了事。”张释之说：“法律是天子与天下人应当共同遵守的。现在那个人按法律应判罚金，但却随便更改法律加重处罚，这样，法就失信于民了。而且，如果陛下当时派人立刻把他杀掉也就算了，现在既然交给廷尉审理，而廷尉是最高的执法人，应当为天下官民示范，公平执法。一旦有偏差，法律就会被天下人任意判轻判重，让老百姓们怎么办？希望陛下深思。”汉文帝斟酌了好

① 犯跸罪：违反清道戒严命令的犯罪。

久，说：“廷尉的判处是对的。”

从那以后，又有人偷了汉高祖刘邦庙里神座上的玉环，被捉住了。汉文帝听说大怒，让张释之审理定罪。张释之援引盗取宗庙内供用器物的条文，奏请判处那个人死罪。汉文帝非常生气，说：“人丧失了道义，才偷盗先帝庙内的器物。我之所以把那个人交给你治罪，是要定他个灭族之罪，而你只判他死刑，这不是我所要恭敬承奉宗庙的本意！”张释之脱帽谢罪说：“依照法律处斩，这已经是最高限度了。况且斩首与灭族同是死罪，但也要看具体犯罪轻重来分别加以处罚的。如果盗取宗庙器物便灭族，那么万一有人在长陵偷挖取土，陛下又怎样加重处罚呢？”过了很久，汉文帝与薄太后谈论了这件事，批准了张释之的判决。中尉[①]条侯周亚夫和梁国相国山都侯王恬开看到张释之执法公正无私，就同他结为亲密朋友。张释之由此受到天下人的称颂。

后来汉文帝死了，汉景帝即位。张释之因从前呵止太子与梁王进宫的事得罪了汉景帝，心里很害怕，便推说有病请假。他想辞去官职离开朝廷，又怕招致杀身之祸，想向景帝当面谢罪，却难以预料会有什么结果。后来他听从了王生老先生的计策，终于找机会当面向景帝道了歉，景帝没有责备他。

王生这个人，擅长黄老之学，是个很有才学但隐居不仕的人。有一次，他被召进朝廷去参加一个会议时居中而坐，三公九卿却都站立着。王生年纪大，说：“我的袜子带松开

---

① 中尉：官名。秦始置，汉沿置。掌京师治安及京师屯卫兵（北军），汉武帝时改称执金吾。秩中二千石。

了！”又回头对张释之说：“给我把袜子带系上。”张释之就跪在地上，给他系上了。事后有人对王生说：“您怎么单单在朝廷上当众羞辱张廷尉，让他跪下给您系袜带呢？”王生说：“我年老而且地位卑微，自己忖度终究不会有什么好处给张廷尉，张廷尉是当今天下有名的大臣，我故意随便委曲他，姑且让他委屈，跪下给我绑袜带，实际上是想抬举他。”众公卿听了这话，更加称颂王生而敬重张释之。

张释之在汉景帝手下干了一年多，被降任淮南王刘安的相国。这还是因为从前得罪过汉景帝的缘故。很久以后，张释之死去。他有个儿子叫张挚，字长公，官职升至大夫①，后被免职，由于他不会阿谀奉承那些当权者，所以一直到死也再没有做官。

冯唐，他的祖父是从前赵国的人。从父亲这一辈迁居到代郡。汉朝建立后，迁到安陵。冯唐以孝行著名，被推举为中郎署长②，为汉文帝做事。汉文帝乘车经过中郎官署时，问冯唐道：“老人家为什么还在做郎官？家住在哪里？”冯唐一五一十地把自己的家世告诉了汉文帝。文帝说：“我居住在代地时，我的尚食监③高祛多次对我称赞赵将李齐的才能，讲述他大战于巨鹿城下的故事。现在我每到吃饭的时候，都要想到李齐鏖战巨鹿的情景。你知道李齐这个人吗？”冯唐说：“作为将军，他带兵打仗还不如廉颇、李牧呢。”文

① 大夫：官名。古代统治阶级，国君之下有卿、大夫、士三级，大夫因此作为一般任职者的称呼。秦汉以后，中央要职有御史大夫，还有顾问一类官职。明清全部废除大夫名号。

② 中郎署长：官名。中郎，近侍一类的官。中郎署长，中郎署的长官。属光禄勋。

③ 尚食监：官名。主管宫中膳食的官吏。后并入太官。

帝问："这是为什么？"冯唐说："我的祖父在赵国时，曾做官帅将[①]，与李牧关系很好。我的父亲从前做代王的丞相，与李齐密交，了解他的为人。"汉文帝听完冯唐讲述廉颇、李牧的为人，很高兴，拍着大腿说："唉，我怎么就偏偏得不到廉颇、李牧这样的将领呢？如果能得到，我难道还担心匈奴的骚扰吗？"冯唐说："惶恐惭愧！陛下如果真的得到了廉颇、李牧那样的将领，恐怕也不能合理地使用。"汉文帝听后大怒，起身回到宫中。过了许久，才召见冯唐责备他说："你为什么当众羞辱我，难道没有更为适当的机会吗？"冯唐谢罪说："我是个粗鄙人，不懂得忌讳。"

正当这时，匈奴新近大举入侵朝那（zhū nuó），杀死了北地郡都尉孙卬。汉文帝忧虑匈奴入侵的事，于是终于再问冯唐说："你怎么知道我不能任用廉颇、李牧呢？"冯唐答道："我听说上古时，帝王派遣将领，临行时屈身推着车子，说城门以内的事情，寡人来管，城门以外的事情，由将军来管。军队中的立功、受赏、赐爵全都由京城以外的将领决定，回来后再上奏帝王。这些并非是假话。我的祖父说，李牧作为赵国的将领守卫边疆，军队和城市的税收全由自己支配，供给军事的食用，赏赐也在边关决定，中央不去干涉他。托付给他重任而只求他成功，因此，李牧才得以施展他的全部智慧和才能，派遣经挑选合格的战车一千三百辆，能骑善射的士兵一万三千人，勇士十万人，用这些军队在赵国北面大破匈奴，迫使单于逃走；同时击破东胡，消灭澹（dàn）林，西面抑制强大的秦国，南面支援韩国、魏国。那个时候，赵

① 官帅将：官名。为百人之长。

国几乎可以称霸中原了。那以后，适逢赵王迁即位，他的母亲是个歌妓。赵王迁即位后，就听信郭开的谗言，诛杀了李牧，让颜聚代替李牧的职位。其结果是兵败卒逃被秦国俘虏消灭。如今我私下里听说魏尚任云中太守时，把军市交易的税收全部拿来犒赏军士，还拿出私人的俸钱，每五天杀一次牛，宴请宾客、军吏和亲近的属官。因此，匈奴远远地躲避不敢接近云中要塞。匈奴曾经一度入侵，魏尚率领战车、骑兵攻打他们，杀伤敌人非常多。那些士卒尽是些平民百姓家的子弟，从田间来参军，哪里懂得什么文书簿册之类的东西！一天到晚尽力作战，杀敌人，捕俘虏，但向上级官府报功时，只要一句话说得不合适，司法官们就援引法律制裁他们。赏赐不能兑现而法令必定实行。我是个愚蠢的人，认为陛下的法律太过于严厉，赏赐太轻而惩罚太重。况且云中太守魏尚仅由于报功状上所写的杀敌数目比实际差了六个首级，陛下就把他交给司法官治罪，剥夺了他的爵位，判处一年徒刑。由此说来，陛下就是得到了廉颇、李牧，也是不可能重用的。我确实愚蠢，触犯了忌讳，该死该死！”汉文帝听罢这番话很高兴，当天就命令冯唐持节赦免魏尚，重新让他担任云中郡太守，并任命冯唐为车骑都尉①，掌管中尉官和诸侯国的车战之士。

汉文帝后元七年（公元前 157 年），汉文帝驾崩，汉景帝即位，用冯唐做楚国的相国，后被免职。汉武帝即位后，下令举荐贤良之士，有人推荐冯唐。冯唐那时已九十多岁，不能再做官，就让他的儿子冯遂做了郎官。冯遂字王孙，也

---

① 车骑都尉：官名。掌管中尉官员及郡国、诸侯国的车战之士。

是个很杰出的人，和我是好朋友。

太史公说：张释之论述厚道之人，公平执法不阿谀奉承；冯唐论述将军之道，值得回味啊！值得回味！常言说："如果不了解那个人，就去看看他的朋友。"张释之、冯唐两个人赞美和论述长者和将帅的事，足可以为历史记载。《尚书》上说："君臣不偏心不结党，圣王之道就会畅达；君臣不结党不偏心，圣王之道就广大。"张释之、冯唐两位贤者真可以说是近于这个境界了。

知识拓展

尺籍伍符

释义：指记载军令、军功的簿籍和军士中各伍互相作保的守则。

出处：《史记·张释之冯唐列传》：“夫士卒尽家人子，起田中从军，安知尺籍伍符。”

亟疾苛察

释义：急剧猛烈，以苛刻烦琐为明察。

出处：《史记·张释之冯唐列传》：“且秦以任刀笔之吏，吏争以亟疾苛察相高。”

史记卷一百零三

万石张叔列传

扫描二维码
阅读本篇原文

石奋　石建　石庆　卫绾　直不疑　周仁　张欧

万石（dàn）君，姓石，名奋，他的父亲是赵国人。赵国被秦国灭亡以后，迁移到温县。汉高祖刘邦率领军队向东攻打项羽，经过河内那个地方，当时石奋只有十五岁，当一个小官吏，在刘邦手下做事。刘邦和他谈话，喜欢他的恭敬有礼，问道："你家里还有些什么人？"石奋回答："现在家中还有母亲，不幸眼睛失明了。家里很穷。有个姐姐，会弹琴。"刘邦说："你能跟随我吗？"石奋答道："愿竭尽全力。"当时刘邦就把他的姐姐召来做美人[①]，提拔石奋作中涓，并管传达。因为他的姐姐入宫做了美人，所以把他的家迁到长安戚里。到汉文帝时，因积聚了不少功劳，他的官职升到了大中大夫[②]。石奋没有什么文才学问，但对朝廷恭敬谨慎的程度，当时没有人能跟他相比。

汉文帝时，东阳侯张相如被免去太子太傅的职务。汉文帝要选择一个可以接替张相如的人，大家都推荐石奋，于是石奋就做了太子太傅。等到汉景帝即位以后，用他担任九卿。因为他办事太过恭敬规矩，让汉景帝有点惧怕他，于是又调他做了诸侯国的相国。石奋的长子石建、四子石庆以及二子、三子，都因为品行好，官俸达到二千石。于是汉景帝说："石

① 美人：皇帝妃嫔的称号。西汉始置，东汉至明皆沿称。

② 大中大夫：官名，掌论议，亦称太中大夫。

奋和四个儿子都是二千石级，作为臣子的尊贵荣耀都集中他一家了。”于是称呼石奋为万石君。

孝景帝晚年，石奋享受上大夫的薪俸回家养老，但在每年定期朝会时，他仍然作为大臣参加。每次经过皇宫门前，他都下车快走，看见皇帝的车马时，必定手扶车前的横木表示敬意。他的子孙做了官，哪怕是很小的官，回家拜见他，他都必须要穿起朝会时的礼服见他们，而且从不称呼他们的名字。子孙们有了过错，并不直接批评谴责他们，而是坐到旁边的座位，对着餐桌不吃饭，直到子孙们互相批评，并通过年纪大的说情，脱去上衣一再谢罪认错，表示改过才算完事。已经成年的子孙在身边，虽然闲居在家，也必须戴礼帽，一派整齐严肃的气氛。家中的奴仆们也都谨慎规矩，一派恭敬祥和的气氛。【25】皇上时常赏赐食物给他家，他都一定要跪拜行礼后弯腰低头来吃，就如同在皇上面前一样。逢到家中有丧事，他都悲痛万分。在他的教导下，子孙们平时也都像他一样为人处世。万石君石奋一家因此以孝顺谨慎闻名于天下，即使是齐地和鲁地的那些儒生，虽然行为很诚信，但与石奋一家相比，也都自叹不如。

建元二年（公元前139年），郎中令王臧因为推崇儒术犯了罪。窦太后认为儒生们口中文辞多而实际行动不质朴，现在万石君石奋家虽没有高论却能身体力行，就让汉武帝任命石奋的长子石建做郎中令，小儿子石庆做内史。

石建年老头白，石奋的身体还是很健康，没有什么病。石建做郎中令，每五天休息一次回家拜见父亲，总是到小房内悄悄问侍从的人，并让他们拿出父亲的内衣到旁边的屋里，亲手洗涤，然后交给侍从。石建经常这样做，一直没让父亲知道。石建在郎中令任上，有应该讲的事，在没有旁人在场时，可以尽情地说，说得十分恳切，但一旦到朝廷见了皇帝，就像个不会说话的人。正因为这样，皇帝就更亲近他，礼遇他。

石奋一家后来迁到陵里居住。有一次，石庆酒醉后回来，进入外门没有下车。石奋听说了这件事，不吃饭。石庆十分恐惧，脱去上衣请罪，石奋还是不答应。石建和全宗族的子孙都脱去上衣请罪，石奋责备道："你做了内史，是朝廷贵人，进入乡里，乡里的父老们都跑掉躲藏起来，而你却端坐车中自由自在，这是应该的吗？"说完便吩咐石庆走开。以后石庆和众子弟们进入里门，都下车快步走到家里。

石奋于元朔五年（公元前124年）去世，长子石建极为悲伤，哭得扶着拐杖才能行走。过了一年多，石建也死了。

石奋的子孙们都非常讲究礼仪，办事谨慎，其中石建最突出，甚至超过了万石君石奋本人。

石建做郎中令时，有一次上书奏请事项，奏章批下来后，石建一看说："写错了，写错了！'馬'字下面加上那一勾应是五点，现在才四点，差一点。皇上如果责备下来就该死啦！"他的谨慎小心，由此可见一斑，就是在很细小的事情上也是如此。

石奋的小儿子石庆做太仆时，一次驾车出门，皇上问车前头有几匹马。这本来是非常简单的事，但石庆还是举着马鞭数了数，然后才举起手回答："六匹。"石庆在兄弟们中间是最随便的，也还如此谨慎。石庆做齐国的相国，齐国人都羡慕他家的德行，以他们为榜样，不用发命令就达到了齐国的大治，齐国人专门为他立了石相祠。

元狩元年（公元前 122 年），汉武帝立太子，让群臣推选可以做太子老师的人。石庆经过筛选，被从沛郡太守任上调任太子太傅。七年之后升为御史大夫。

元鼎五年（公元前 112 年）秋天，丞相犯罪被免了职。汉武帝下令给御史说："先帝非常尊重万石君石奋，他的子孙也很孝顺恭敬，命令御史大夫石庆担任丞相，赐封牧丘侯。"当时汉朝正在南方讨伐两越，东面攻打朝鲜，北面驱逐匈奴，西面进攻大宛，国家多事。汉武帝忙于到各地视察诸侯封地，修建上古神庙祠堂，到名山祭祀天地，振兴礼仪音乐。国家财政上很困难，朝中的桑弘羊等人忙于开辟财源，王温舒之流积极推行苛刻的法律，兒宽等人鼓吹文章术学，这些人位至九卿，交替专权，所以朝廷中的大事，都不经由丞相决定，丞相只落一个忠厚谨慎之名罢了。这样，石庆当了九年的丞相，并没有什么挽救艰危的计策。他曾经想要请求惩处皇上身边的宠臣所忠、九卿咸宣的罪行，不但没能使他们服罪，反而自己遭到了惩罚，最后通过金钱才得以免罪。

元封四年（公元前 107 年），关东地区出现二百万流民，其中没有户籍的有四十万人，公卿大臣们奏请汉武帝把这些人统统迁移到边境去，借此贬斥他们。这个意见大大忤逆了汉武帝的心意，十分恼怒。武帝认为石庆年老谨慎，不会跟着别人参与这种议论，便让他休假回家，而下令查办御史大夫以下商议提出请求的官吏。丞相石庆自己感到很惭愧，觉得不能胜任职务，于是上书说："我承蒙皇上宠幸担当丞相职务，才能低下，不能辅助明君治理天下，城市及仓库都空虚，百姓很多流亡，其罪在我，本当处死刑，但皇上不忍加刑。我愿归还丞相侯印信，退休回家，给贤能的人让路。"汉武帝说："仓库已经空虚，百姓贫困流亡，而你想要迁移他们，搞得人心浮动，社会动荡不安。在这种时候而你想要辞职，你想把危难局面推给谁呢？"石庆受到皇上的责备，非常惭愧，便又上朝办公。

石庆平时对国家的法律条文抠得非常周密谨慎，也能为百姓说话，然而没有什么远大的谋略，也没做出什么突出的政绩。从此又过了三年多，太初二年（公元前 103 年），石庆去世，皇帝谥号为恬侯。他平时最喜欢次子石德，皇上就让石德作为他的继承人，接替侯爵。以后石德官至太常，由于犯法应当处死，花钱赎罪后被贬为平民。在石庆做丞相期间，他的子孙后代做官做到二千石级的有十三人。等到石庆死后，有些人渐渐因为犯罪丢了官，孝顺谨慎的家风也慢慢衰落下去了。

建陵侯卫绾，是代郡大陵县人。卫绾靠驾车的技术当上了郎官，在汉文帝手下做事，因为连续立功，被提升为中郎将。他没有什么大的才能，但为人忠厚谨慎，汉景帝做太子时，叫来皇上左右的人喝酒，卫绾怕招来非议，推说有病不去。汉文帝临死的时候对景帝说："卫绾是个忠厚长者，你要好好地待他。"汉景帝即位后，一年多都没有责备卫绾，而卫绾依然每日竭力谨慎侍奉汉景帝。

有一次汉景帝到上林苑游玩，让卫绾陪同他乘车。在回来的路上，汉景帝问卫绾："你知道让你陪同乘车的原因吗？"卫绾老老实实地答道："我从一个普通车士有幸因功劳升迁至中郎将，实在不知道其中的道理。"汉景帝转而又问："我当太子时叫您去喝酒，您为什么不去呢？"卫绾说："死罪死罪，当时实在是病了。"汉景帝想赐给他宝剑，卫绾说："先帝曾经赐给我六把宝剑，再赐我就不敢接受了。"汉景帝说："宝剑是人们所喜爱的，可以交换、买卖，难道您一直把它们保留到现在吗？"卫绾说："是的，都还在。"景帝让他取来那六把宝剑，只见宝剑还在剑鞘中，没有使用过。卫绾平时为人忠厚，郎官们有了过失，他常常主动承担责任，不与其他中郎将争你高我低，有了功劳，则常常让给其他中郎将。皇上认为他品行端正，忠诚没有其他恶念，就任命他做河间王的太傅。吴国、楚国反叛时，皇上任命卫绾担任将军，率领河间的军队攻打吴、楚，因为有功，被任为中尉的官职。三年以后，卫绾又立了军功，于景帝六年（公元前151年）

【26】

被封为建陵侯。【26】

第二年，汉景帝废黜了太子刘荣并诛杀太子的舅舅栗卿等人。卫绾应当去办这件事，但汉景帝认为他是个忠厚的人，可能不忍心，便让他休假回家，而改派郅都去逮捕惩处栗家。汉景帝接着立胶东王刘彻做太子，也就是后来的汉武帝，同时召回卫绾，任命他做太子太傅。过了很长一段时间，改任御史大夫，五年后，接替桃侯刘舍担任丞相。卫绾习惯于按章程办事，从开始做官一直到丞相，始终没有提过什么倡议。皇上认为他忠诚可靠，可以辅佐少主，越发尊重宠爱他，赏赐很多东西给他。

卫绾做了三年丞相，汉景帝去世，汉武帝继位。建元年间，汉武帝认为卫绾对汉景帝生病时各官署的囚犯无辜受累的很多事负有责任，觉得他不称职，免去了他的丞相职务。

后来卫绾去世，他的儿子卫信继承了侯爵，因犯酎金罪[①]失去了爵位。

塞侯直不疑是南阳人，做郎官，在汉文帝手下做事。一次，他的一个同屋的郎官告假回家，错拿了另一个郎官的黄金离去，失金的人猜疑是直不疑偷去的，直不疑认错有这回事，就买来了黄金偿还给他。结果那个告假回家的郎官回来归还了失金，而失金的那个郎官因为错怪了直不疑而大为惭愧，连声称赞直不疑是厚道人。汉文帝选拔人才，他被逐步提升为太中大夫。一次在朝堂上，有人诽谤说："直不疑相貌很是俊美，但他偏偏和嫂子有不正当的关系。"直不疑听说后，只说了句："我没有哥哥。"始终没做进一步自我辩白。

吴国、楚国叛乱时，直不疑以二千石官员的身份带兵平定叛乱。皇上在表彰平定叛乱的功劳时，直不疑被封为塞侯。景帝后元年（公元前 143 年），被任命为御史大夫。汉武帝建元年间，与丞相卫绾一起因为过失丢掉官职。

直不疑喜欢老子的言论，他所到的地方，做官总是按老章程办事，唯恐人们知道他做官的事迹。因为他不喜欢树立自己的名声，所以被人们称为德行厚道的人。直不疑去世后，儿子直相如接替了爵位。到他的孙子直望时，因为犯酎金罪失去了爵位。

郎中令周文，姓周，名仁，祖先是任城人，凭着医术得以进宫侍奉皇上。汉景帝做太子时，任命周仁做舍人，因为经常立功，逐渐得到提升，到汉文帝时升到太中大夫。汉景

① 酎金罪：汉代皇帝在祭祀宗庙时，诸侯们助祭献金，叫酎金。助祭献金成色不足、斤两不合规定，都被认为是犯罪，称酎金罪。

【27】

帝刚即位，就任命周仁为郎中令。

周仁为人谨慎持重，从不泄露别人的话语。他经常穿着带补丁的旧衣服，也有遗尿的毛病，因此衣服经常潮湿不干净，也正因为如此，特别受皇上的宠爱。景帝进入寝宫，在后宫秘密娱乐戏弄的时候，经常叫周仁侍候在旁边。直到景帝去世，周仁还在做郎中令，始终没有向皇上提什么建设性的意见。皇上不时向他询问别人的情况，他总是说："请皇上亲自考察他吧。"然而也没有讲别人什么坏话。因为这样，汉景帝曾经两次亲临他的家，并把他的家迁到了阳陵。皇上平时赏赐给他的东西很多，他常常推辞不敢接受。就是诸侯百官赠送的东西，他也始终没有接受什么。

汉武帝即位后，认为他是先朝老臣，很尊重他。后来周仁因病辞去官职，拿两千石的俸禄回家养老。他的子孙后来都做了大官。

御史大夫张叔，姓张，名欧，是安丘侯张说的庶子。汉文帝时因对刑名学说有研究服侍太子。【27】张欧虽然研究刑名之学，但却是个忠厚长者。汉景帝即位后对他很尊重，常让他担任九卿。到汉武帝元朔四年（公元前 125 年），韩安国被免职，皇上下命令让张欧担任御史大夫。自从张欧担任官职以来，从来没有说过要惩办什么人，完全以一个诚恳忠厚的态度对待人。他的部下认为他是忠厚长者，也不敢过分地蒙骗他。对于已经办结的狱案，能够退回重审的，就退回重审；没有可能重审的，他便流着眼泪亲自看着封好案卷。他对别人的爱护就是这样。

张欧年老病重的时候，请求免去官职。经皇上特别批准，按照上大夫的俸禄回家养老。家安在阳陵，他的子孙后来都做了大官。

太史公说：孔子曾经说过，“凡是君子，应当言语迟钝而行动敏捷。”这话放在石奋、卫绾和张欧身上再恰当不过了。正因为他们有这样的德性，所以他们的教化不峻急而能使事情成功，措施不严苛而能使社会清明安定。塞侯直不疑投机取巧，而周文则过于谄媚，这就是君子讥笑他们的原因，认为他们和佞幸之辈没有区别。但是他们都可以称之为行为敦厚笃定的君子了！

知识拓展

避让贤路

释义：辞官退隐，让有才能的人出来做事。

出处：《史记·万石张叔列传》：“愿归丞相侯印，乞骸骨归，避贤者路。”

史记卷一百零四

田叔列传

扫描二维码
阅读本篇原文

田叔　汉高祖　田仁　任安　卫青

田叔[1]是赵国陉城人，他的祖先是齐国田氏[2]的后代。田叔十分爱好击剑，曾在乐巨公那里学习黄老的思想。田叔为人刚正，洁身自好，喜欢与那些道德高尚的人交际往来。汉初，赵国人把他推荐给丞相赵午，赵午向赵王张敖做了汇报，张敖任命他为郎中。在赵王手下几年，办事踏实正直，廉洁公正，赵王张敖认为他很有贤能，但一直没机会提升他的官职。【28】

这时正好赶上陈豨在代地谋反，汉七年（公元前200年），汉高祖刘邦亲率大军前去讨伐，经过赵国，赵王张敖亲自侍候饮食，礼节十分恭敬周到。而刘邦却坐在席上伸开两腿，傲慢地辱骂他。赵国的丞相赵午和其他几十个人见此情景都非常愤怒，便对赵王张敖说："您侍奉皇上的礼节够完备了，而皇上却这样对待您，我们请求您准许我们造反。"赵王张敖把自己的手指咬出了血，说："我的先辈失掉王国，如果没有陛下，我们的身体早就生蛆了。你们怎么会说这样的话呢！快不要再说了。"贯高等人说："您是长者，不愿违背皇上的恩德。"于是，他们背着赵王，暗地里谋划着刺杀皇上。

① 田叔：西汉官吏。喜黄老之学，好击剑。为人刚正，洁身自好。居官有贤名，深得几代皇帝的信任。

② 田氏：春秋时，陈国的公子完避祸于齐，称田氏。公元前391年，他的十世孙田和取代姜姓统治齐国，使齐国成为战国七雄之一。公元前221年，田完的十六世孙齐王田建为秦所俘，国灭。

但事情很快就暴露了，朝廷下诏逮捕赵王张敖及群臣中谋反的人。赵午等人都畏罪自杀了，唯有贯高接受了逮捕。这时朝廷传下命令：“赵国如果有人胆敢跟着赵王，一律罪及三族。”但孟舒、田叔等十多个人仍然身穿赤褐色囚衣，剃光头发，带上铁枷，装成赵王的私家奴隶，跟随赵王来到长安。贯高谋反的事终于调查明白，证明张敖与此事无关，张敖这才从监狱里放出来，被废黜为宣平侯。张敖向皇上推荐称赞田叔等人，皇上全部召见了他们，在谈话过程中，觉得朝廷里的大臣们没有一个能胜过他们的。汉高祖刘邦十分高兴，委任他们做了郡守或者诸侯国的丞相。田叔担任汉中郡守十多年，碰上吕后过世，吕家诸王侯准备叛乱，大臣们杀掉他们，拥立了汉文帝即位。

汉文帝即位后，召见田叔问他说：“您知道当今天下有谁是长者吗？”田叔说：“我怎么会知道！”汉文帝说：“您就是一位长者，应当知道。”田叔磕头说：“原云中郡守孟舒可以称为长者。”这时孟舒已因为匈奴大规模侵入边塞抢劫，云中郡被劫掠得尤其严重而被撤职。汉文帝说：“先帝任命孟舒为云中郡守十多年，匈奴只侵入一次，孟舒不能坚守，而无缘无故战死的士卒有数百人。这无异于他自己杀人，长者难道是这样的吗？”田叔磕头行礼回答说：“这正是孟舒号称长者的缘故。过去贯高等人谋反，朝廷降下明诏，赵国内如果有人胆敢跟随赵王张敖的，罪及三族。然而孟舒自己剃光了头发，跟随赵王到长安，想以死效力赵王，他那时难道想过今后要当云中郡守吗？汉朝与楚霸王长期对抗，士兵们已经够疲劳辛苦的了，同时匈奴的冒顿单于新近征服了北方的夷族，就到汉朝边境为害。孟舒知道士兵劳苦，不忍向他们讲出打仗的话，但士兵们听说匈奴来了，争先恐后地登城死战，就像儿子为父亲、弟弟为哥哥那样，因此战死的只有几百人。怎么会是孟舒驱使他们作战呢！这也就是孟舒被人称为长者的原因。”听完这话，汉文帝说：“孟舒真是贤人啊！”于是召见孟舒，再次让他担任云中郡守。

几年后，田叔因犯法丢了官职。汉景帝即位后，梁孝王刘武派人杀死了吴国从前的丞相袁盎。汉景帝把田叔召来，派他去梁国查办。田叔查清了案情，回报汉景帝。汉景帝说：“梁王有那回事吗？”田叔回答说：“有。”汉景帝说：“罪证在哪里？”田叔说：“皇上不要再追究梁王的事了。”景帝问：“那是为什么？”田叔说：“如果追究下去，梁王不

处死刑，汉朝的法律就等于废弃了；如果处以死刑，那么太后就会寝食难安，忧愁就会转移到陛下身上。”汉景帝认为田叔是个大贤人，任命他为鲁国丞相。

田叔刚上任，鲁国的百姓就自动向他谈情况，有一百多人控诉鲁共王刘馀夺取他们的财物。田叔抓住其中二十个头目，每人打了五十板子，其余的打手心二十板，对他们发怒说：“鲁王难道不是你们的君主吗？为什么胆敢议论你们的主子？”【29】鲁共王听到这话，十分惭愧，从内库取出钱，让丞相还给他们。田叔说：“王从他们手中取来，让相还给他们，这就成了王作恶而相为善了。我不能参与偿还的事。”于是鲁共王亲自把钱还给了那些告状的人。【30】

鲁共王喜欢打猎，丞相田叔经常随从进入狩猎围场中，鲁共王就让他到馆舍中休息。田叔每逢这时候就走出围墙外，

坐在太阳光底下等待鲁共王。鲁共王多次派人请他去休息，他都不肯，说："我们的国王在围墙内被太阳晒着，我怎么能到馆舍去呢！"鲁共王由于这个缘故，以后就不过分出外游猎了。

过了几年，田叔在任上去世了，鲁共王给了他家一百斤黄金作为祭礼。田叔的小儿子田仁不肯接受，说："不能以一百斤黄金损害了先人廉洁的名声。"

田仁长得身强力壮，为此，他做了大将军卫青的舍人，多次跟随卫青去进攻匈奴。卫青向朝廷进言推荐田仁，田仁做了郎中。几年后又担任了俸禄两千石的丞相长史，却失去了官职。之后，皇上派遣他去三河郡监察政务。皇上东巡的时候，田仁禀奏句句在理，皇上很高兴，让他做了京辅都尉。一个月多月后，皇上改任他为司直。几年后，田仁因为太子谋反的事被牵连。当时左丞相自己领兵，命令司直田仁关好城门，而田仁却把太子放走了，因此被处死。田仁发兵，长陵令车千秋告发皇上田仁叛乱一事，田仁被处以灭族的刑罚。陉城现在属于中山国。

太史公说：孔子说“在哪个国家就要了解哪个国家的政事”，田叔就是这样的人啊！他讲仁义却不忘记贤德，赞扬君主的美德，促使君主弥补自己的过失。田仁和我关系很好，所以我把他们父子一并进行论述。

（以下为褚少孙补写的内容）

褚先生[①]说：我做侍郎的时候曾经听说，田仁曾经与任安有交情。任安，是荥阳人。年纪很小的时候就成了孤儿，生活非常贫困，长大后靠帮助别人推车子步行到长安并居住下来，想当一个小小的官吏，但始终没有机会。后来他把家安在了武功县。武功是右扶风西边的小县，山谷入口有通往蜀郡的栈道靠近山区，任安认为那里没有豪门贵族，容易出人头地，因此就留了下来。先是代替别人作求盗[②]、亭父[③]，后来做到亭长。武功县的百姓都外出打猎，任安经常帮助一些人分配麋鹿、野鸡、兔子等猎物，并把老人、小孩和壮丁分别安排不同的地

① 褚先生：西汉史学家，元帝、成帝时期博士。最大的功绩是补写了《史记》，凡补写处都有“褚先生曰”字样。

② 求盗：亭卒。掌逐捕盗贼。

③ 亭父：亭卒。掌关闭扫除。

方做事。武功人都很高兴，说："任少卿办事公平，有智谋。"第二天集合几百人开会，任少卿说："某某的儿子名叫甲的为什么不来呢？"大家都惊异他认识人的速度。以后他被任命为三老[①]，又被举荐为亲民[②]，接着被提拔为一个三百石级俸禄小县的县长。后来由于皇上巡行出游，他没有办理好陈设帷帐等用具的事务，被斥责罢官。

于是他就到卫青那里做舍人，与田仁相识，两人都是卫青的舍人，都住府内，一见倾心，成为至交。任安和田仁都很贫穷，没有钱贿赂将军的管家，管家很歧视他们，就让他俩喂养咬人的烈马。两人晚上同床而睡，田仁悄悄对任安说："这个管家不识人才！"任安说："何止是管家，大将军也不识人才！"一次，卫青让他俩跟着去拜访平阳公主，公主的管家安排他俩跟奴仆们同席吃饭，这两位拔出刀来割断席子另坐一处。公主的家人都惊异而又厌恶他俩，但没有谁敢大声呵斥。

后来皇上下诏书，在卫将军的舍人中选拔侍从官，卫将军就选取舍人中家境富裕的人，让他们自己备齐鞍马、宝剑、新衣服进宫待选。碰巧朝中的贤臣、少府赵禹来卫将军家拜访，卫将军就召集所推举的舍人给赵禹看。赵禹挨个考问他们，十多个人中没有一个有大智谋的。赵禹说："我听说，将军家里一定有当将军的人才。常言说'不知其君，就看他所看重的人；不知其人，就

① 三老：吏名。汉制，十亭为一乡，乡设三老一名，掌教化。
② 亲民：吏名。掌乡邑事务的小官吏。

看他所交往的友人’，现在皇上下诏书举荐将军舍人的目的，就是想考察将军能不能得到贤者和文武之士。您仅仅选那些富人家子弟上报，而这些人又没有智谋，如同木偶穿上了锦绣衣服，这怎么能行呢？”于是，赵禹把卫青的一百多个舍人都叫来，挨个考问，发现了田仁、任安，说：“这两个人可用，其余没一个顶事的。”卫青见他们两个很穷，不是自己平时喜欢的，心里很是不高兴，等送走赵禹之后，就对两人说：“你们自己准备鞍马和新衣服去吧。”田仁、任安说：“我们家贫，没有什么可准备的。”卫将军发怒说：“您两位家贫是自己的事情，现在怎么讲出这样的话？愤愤不平的样子就好像曾经施过恩德给我。”卫青没有别的办法，只得造好簿册给皇上。汉武帝下诏书召见田仁、任安，问两个人的谋略，二人互相推荐。田仁说：“手执鼓槌立于军门之下，使部下乐于拼死战斗，我不如任安。”任安说：“决断嫌疑，评定是非，辨别百官，让老百姓没有怨恨之心，我不如田仁。”汉武帝听后大笑说：“好！”于是派任安监护北军[①]，派田仁到黄河边上管理屯田和谷物。这两个人立即扬名天下。

此后又任命任安做益州刺史，任命田仁做丞相长史[②]。

田仁给皇上上书说：“全国的郡太守中有许多违法谋取私利的，河南、河内、河东三郡尤其严重。三郡的

① 北军：汉朝京城的卫戍部队。

② 丞相长史：官名。丞相府诸属官之长，职无不揽。丞相有事，则召长史付诸施行。秩千石，长史为丞相属官。

太守都在京内依靠宫中显贵太监，与朝中三公有亲属关系，因此他们无所畏惧，肆意横行。应当先整顿三郡以警告全国的犯法官吏。请皇上让我去侦视检举这三郡太守。”这时河南、河内郡的太守是御史大夫杜周的亲戚，河东郡太守是丞相石庆的子孙。而石氏一门有九人是二千石级的官吏，权势正盛。杜周和石庆听说田仁检举的事，就派人对田仁说：“我们不敢说别的话，只希望田少卿秉公而断，不要诬告我们就是了。”田仁到了三河以后，查实了三郡太守的违法行为，把他们交给法官审讯处死。回京向汉武帝报告了案情，汉武帝很高兴，认为田仁很能干，不怕朝廷权贵，不怕横暴，就任命他做丞相司直①，威风震动全国。

后来太子刘据擅自发兵谋反，丞相亲自带兵，派司直田仁把守城门。田仁认为太子是皇上的骨肉亲人，不想卷进他们父子中间去，就离开了城门通往各个陵寝，太子因此通过了城门。当时汉武帝正在甘泉宫，派御史大夫暴胜之责问丞相为什么放走太子，丞相回答说是司直田仁带人把守城门放走了太子。并将情况书面报告了汉武帝，请求逮捕田仁。田仁被送往法官那里，审讯后被处死。

当时任安正在担任北军使者护军②，太子在北军南门外停下车来，召见任安，给他符节，令他发兵。任安下拜接受了符节，进去后把门关上始终不出来。汉武帝听

---

① 丞相司直：官名。汉武帝时置。掌佐丞相举不法，职在监察官吏。秩比二千石。
② 北军使者护军：官名。监护北军的官员。

说这件事说："任安假装接受太子的符节，又不附和太子，这是为什么呢？"碰巧任安鞭打辱骂了北军管钱的一个小官吏，这个小官吏就向朝廷揭发任安，说他不但接受了符节，还说过"希望给他好的兵甲"的话。汉武帝看到揭发的书面报告，说："任安是个老奸巨猾的官吏，看到太子举兵，想坐观成败，谁胜利了就随着谁，有二心。这个人该处死刑的事很多，我多次让他活下来。如今倒心怀奸诈，有不忠之心。"因此把任安交给法官，审讯处死。

月满则亏，物盛则衰，是天地万物的规律。只知道进取而不知道后退，在富贵之处久居就会积累祸患成灾。所以范蠡在功成之后去了越地，推辞不接受官位，美名传到后世，万年不忘，普通人哪里比得上呢？后者一定要谨慎，以田仁、任安为戒。

知识拓展

坐观成败

释义：冷眼旁观别人的成功或失败。

出处：《史记·田叔列传》："见兵事起，欲坐观成败；见胜者，欲合从之。有两心。"

无出其右

释义：出：超出；右：上，古代以右为尊。指没有能超过他的。

出处：《史记·田叔列传》："上尽召见，与语，汉廷臣毋能出其右者。"

史记卷一百零五

扁鹊仓公列传

扫描二维码
阅读本篇原文

扁鹊　虢君　齐桓侯　淳于意　淳于缇萦

扁鹊是勃海郡鄚（mò）州人，姓秦，名越人。年轻的时候曾为人家管理一家客馆。客人长桑君到客馆住，扁鹊观察后认为他是个奇人，便恭敬地接待他。长桑君也认为扁鹊非同寻常。他在客馆与扁鹊相处十多年，才把扁鹊叫到跟前，悄悄地对他说："我老了，保存有治病的秘方，想传授给您，请您不要泄露出去。"扁鹊十分恭敬地应道；"是！"于是，长桑君就取出怀里的药对扁鹊说："用没有落地的露水做引子，连服三十天，你就可以洞察人体的一切病症了。"然后又取出全部秘方，悉数给了扁鹊。忽然间长桑君就不见了，扁鹊这才知道他不是个凡人。他按照长桑君的话喝了三十天药，果真能够看见墙另一边的人。他凭着这种本领看病，完全能够看得见人体内五脏[1]病变的位置，只不过是以诊脉为名罢了。他行医有时在齐国，有时在赵国，在赵国行医时名叫扁鹊。【31】

晋国昭公当政的时候，大夫们的势力强盛而国君宗族的势力弱小。赵简子做了晋国的大夫，独揽国家大权。一次赵简子病了，五天不省人事，满朝文武都很害怕，于是请扁鹊诊治。扁鹊看完简子的病走出来，简子的家臣董安于向他询问病情，扁鹊说："血脉正常，没有什么可大惊小怪的。过去秦穆公也曾有过这种情况，七天才清醒。清醒的那天，他

① 五脏：人的心、肝、脾、肺、肾五个脏器的总称。

【31】

告诉公孙支和子舆说：‘我去天帝的宫廷很快乐。我在那里待的时间很长，是因为天帝在教导我。天帝告诉我，晋国将要大乱，五世不得安宁，乱后将要称霸天下，称霸不久霸主就要死去，霸主的儿子将要使你们国家的人民不会分离。’公孙支把秦穆公这段话记录并收藏起来。后来秦国史册中记载的这些事果然在晋国出现了。献公之乱，文公之霸，以及襄公在崤山打败秦国回朝后放纵淫乱，这些都是您所知道的。如今简子的病与秦穆公的病是一样的。不出三天，他的病就会好，好了以后一定有话要说了。”

果然，刚过了两天半，简子醒过来了，对身边的大夫们说：“我到天帝的宫廷很快乐，和众神在天空中游玩，看了文武兼备的舞蹈，听了各种乐器演奏的音乐。那音乐的声音悦耳动听，不像远古夏、商、周三代的舞乐。当时有一只熊想要拉我，我奉天帝之命把那只熊射死了。又有一只罴来了，我又把这只罴射死了。天帝非常高兴，赐给我两个笥（sì）[①]，上面有饰品。我看见儿子在天帝的旁边，天帝交给我一只翟犬[②]，对我说：‘等到你的儿子长大成人，要用这只翟犬赏赐他。’天帝还对我说：‘晋国将要一代一代衰落下去，到第七代上就要灭亡。嬴姓国[③]将要在范魁的西边大规模战胜周人[④]，但却不能占据这块地方。’”董安于听了赵简子这番话，记录并收藏起来。他把扁鹊的话告诉了简子，简子把四万亩田地赏给了扁鹊。

扁鹊后来又到了虢国，正好赶上虢国太子突然病死。扁鹊到虢国宫殿门前，问爱好医术的中庶子说：“太子得的是什么病，都城里祈祷的活动比其他任何活动都要隆重？”中庶子说：“太子的病是由于血与气运行没有规律性，交错在一起受到阻碍不得畅通。表现在体外是突然发病，实际上是内脏受到了伤害，正气不能压倒邪气，邪气积在体内得不到发散，因此阴盛阳衰，导致突然昏厥死去。”扁鹊问：“那么太子是在什么时候死的？”中庶子说：“鸡叫时死的。”扁鹊又问：“收殓了吗？”庶子答道：“刚死不到半天，还没收殓。”扁鹊又说：“请你进去报告一下，我是齐国勃海郡鄚州镇的人，名叫秦越人，从来没见过国君的尊容。听说太子不幸死去，我能使他活过来。”中庶子说：“先生该不是哄骗人吧？您凭什么说能使太子死而复生呢？我听说在上

① 笥：盛饭食或衣物用的一种方形竹器。

② 翟犬：翟族地区所特产的一种狗。翟是中国古代北部的一个民族，这里特指代国的祖先。

③ 嬴姓国：先秦嬴姓国有秦、赵、奄、盈、徐、郯等。这里特指赵国。

④ 周人：指卫人。卫人的先祖康叔和周武王是同母兄弟，封于卫。

古的时候，俞跗（fū）[1]治病不用汤药、酒剂[2]，也不用镵（chán）针[3]和砭（biān）石[4]以及挢（jiǎo）引[5]、按摩、药物熨帖，一诊视就知道病结所在的部位。顺着腧（shù）穴，切开皮肤，割开肌肉，疏通经脉，结扎筋腱，按动脑髓，触及膏肓[6]，疏理横膈膜，清洗肠胃，洗涤五脏，修炼精气，改变形体。你的医术如果能像俞跗那样高明，那么太子就可以起死回生了。如果你没有俞跗那样的本事，还想把太子救活，简直都不能把这话告诉刚刚懂事的小孩子。”扁鹊听了他的话，仰天长叹道：“你说的这些，就如同从管子看着天，从缝隙看斑纹。我为人治病，不需要切脉[7]、望色[8]、听声[9]、写形[10]就能说出疾病所在的位置。诊察病者阳气，就可推知阴气；知道了病者的阴气，就可进而推知阳气。况且，体内的病一定

---

① 俞跗：古代医家。一种说法是上古轩辕黄帝时的医家；另一种说法是春秋早期楚国的医官，又称为中古时的医家。

② 酒剂：古称酒醴，现称药酒。药物浸入酒内，经过一定时间，或隔汤煎煮，滤去渣，取液服。

③ 镵针：九针之一。

④ 砭石：是我国最古的医疗工具，一种楔形石块。约起源于新石器时代，随着生产力的发展，这种医疗工具渐被九针所代替。

⑤ 挢引：指按摩和导引法。挢是举起、翘起和矫正的意思，引即导引。

⑥ 膏肓：人体心之下、膈之上的部位。病位深隐难治，病情危重的患者，称为病入膏肓。

⑦ 切脉：诊查脉象的方法。亦称脉诊、诊昧、按脉、持脉。是我国最早创用的诊断技术。古代有三部九候的遍诊法，后世则以寸口诊法为主，并从脉的位置、次数、性状、形势等，诊察肌体的病变。

⑧ 望色：四诊之一。运用视觉观察病人，从而获取与疾病有关的辨证资料。一般以神色、舌诊为重点。辨别色泽时，以在自然光线较充足的地方为好。

⑨ 听声：闻诊方法之一。即从病人的发声、语言、呼吸、咳嗽、呕吐、呃逆、嗳气等声音变异，了解病情，作为辨证的佐证。

⑩ 写形：审察病人的形态。

会反映到体表，根据体外的表现，千里之内都可以决断病人的吉凶生死，诊断的方法有很多，不能只从一个角度看问题。如果你以为我的话不真实，那么就进去为太子试诊，会听到他的耳朵里有响声，看到他的鼻翼在动，顺着他的两条腿抚摸一直到阴部，应当还能感觉到体温。”

中庶子听了扁鹊的话，目瞪口呆，惊讶到说不出话。于是赶紧向虢君报告。虢君听后大为惊讶，来到宫殿门口见扁鹊，说道：“我很早就听说过您的高尚医德，然而无缘亲去拜见。今天先生亲自来到我们虢国来救助我，真是身处偏远小国的我极大的荣幸。有先生在，我的儿子就能救活；没有先生在，我的儿子就要被填埋在沟壑中，死而不复生。”话未完，就哭泣起来，悲痛不能自已，连容貌都变了样子。扁鹊说：“您儿子的病，就是常说的‘尸蹶’病，是因为阳气下陷，胃受到了扰动，经脉①受损伤，络脉②受阻塞，一直下到三焦③、膀胱而不能上升。因此，阳气下坠不升，阴气上升不降，阴阳④交汇闭塞不通。阴气向上逆行，阳气向内运行，在下在内的阳气鼓动不升，在外的阳气被隔绝，上部脉络的

---

① 经脉：人体气血运行的主要通道，是经络系统中直行的主要干线。分为十二经脉和奇经八脉两大部分。

② 络脉：由经脉分出的网络全身的分支。其中紧连十二正经。及任督脉的分支共十四条，加上“脾之大络”合称十五络。由十五络分出的网络全身的分支称络脉；由络脉再分出的更细的分支称孙络。

③ 三焦：六腑之一。是腑脏外围最大的腑，又称外腑、孤腑。

④ 阴阳：中国古代的哲学思想，含有朴素的辩证观点。认为阴阳是自然界的根本规律，万物的纲纪，一切生物生长的根源。同时，阴阳也是相对的，是互相消长和互相转化的。贯穿于解剖、生理、病理、诊断、防治等整个医学领域中。

阳气已经断绝，下部枢纽的阴气已经破坏。阴气破坏，阳气断绝，那么容颜就会衰败，血脉就会紊乱。因此，人的形状安静得就像死了一样。太子实际上没有真死。由于阳气入侵阴气而阻塞脏器的，可以活；由于阴气侵入阳气而阻塞脏器的就难以救治了。凡是这几种情况，都是在五脏厥中[1]时暴发。高明的医生能够治好这种病，技术拙劣的则犹豫不决而延误救治。”

于是，扁鹊叫弟子子阳，用针和砭石，刺太子的百会穴，不大一会儿，太子就苏醒了。扁鹊又叫弟子子豹准备原方一半剂量的熨药，又用八成的药物混合煎煮，交替熨帖太子两胁下面，太子就能坐起来了。再进一步调养阴阳气血，只服

① 五脏厥中：泛指五脏阴阳失调、气血逆乱。

了二十天汤药，太子就完全康复了。因为这个缘故，天下的人都以为扁鹊能使人起死回生。然而扁鹊说："我不是能够起死回生，只能让本来没死的人病好而已。"【32】

扁鹊到齐国行医，齐桓侯[①]把他当客人对待。扁鹊朝见齐桓侯的时候说："您有病在皮肤与肌肉之间，不及时治疗就会加深。"齐桓侯说："我没有病。"扁鹊退出去以后，齐桓侯对左右的人说："医生就是爱好功利，想治没病的人显示自己的本领。"过了五天，扁鹊再见到齐桓侯并对他说："您的病在血脉里，不治疗恐怕要加深。"齐桓侯又说："我没有病。"扁鹊出去后，齐桓侯很不高兴。又过了五天，扁鹊再次见到齐桓侯，还是对他说："您的病已经到肠胃间，不治恐怕将要加深。"齐桓侯不理睬他，扁鹊退出去，齐桓侯更不高兴了，后来又过了五天，扁鹊见到齐桓侯就赶紧退走了。齐桓侯叫人问扁鹊这是什么原因。扁鹊说："病在皮肤与肌肉之间，是汤药和熨剂的效力就能达到的；病在血脉里，是针和砭石的力量就能奏效的；病在肠胃，是酒药的效力就能治好的；病如果在骨里，就是掌管人生死的神灵也是没有办法的。现在桓侯的病已入骨髓，我因此不再请求给他看病了。"又过了五天，齐桓侯果然发病了，派人叫扁鹊为他治病，这时扁鹊已经逃走了。不久，齐桓侯因病死去了。

假如有圣人预先知道尚未显露的疾病，让医术高明的医生及早治疗，那么疾病肯定可以治愈，命也可以存活了。一般人担忧的是疾病的种类太多，而医者所担忧的是治病的方

---

① 齐桓侯：春秋战国时期并没有齐桓侯。这里实际上说的是战国时齐国的国君——齐桓公田午。

法太少。所以疾病有六种情况不好治疗：骄奢淫逸，不讲道理，是一不治；把身体看得很轻而把钱财看得很重，是二不治；衣着饮食不能适度调节，是三不治；阴阳混乱，五脏失去应有的功能，是四不治；身体极度虚弱，不能承受药力，是五不治；相信巫术，不相信医道，是六不治。有病的人具备其中一种情况，就非常难治疗了。

扁鹊的美名不胫而走，传遍天下。他到了邯郸，听说那里的人很重视妇女，就看妇科的病；到了洛阳，听说那里的人尊敬老人，就当了治耳、目和风湿症等老年疾病的医生；到了咸阳，听说那里的人爱护小孩，就看儿科的病。随着各地不同的习俗随时改变治病的科别。秦国的太医令李醯（xī）自知自己的医术不如扁鹊高明，就派人把扁鹊刺杀了。直到现在，天下所有谈论脉学的人，都依从扁鹊的理论和方法。

太仓公是齐国太仓的官吏，临菑人，姓淳于，名意。年轻的时候喜爱医术。高后八年（公元前180年），拜同乡元里公乘阳庆为师。阳庆已经七十多岁了，没有后代能够继承他的医道。于是他让淳于意完全抛弃以前所学的旧医方，而把自己秘藏的医方给他，并将黄帝、扁鹊的脉书以及根据五色[①]诊断疾病的方法全部传授给他。以此判别病人的生与死，解决疑难病症，确定是不是可以医治，还有非常精妙的论述医药的书。淳于意跟着阳庆学习了三年，给人治病，决断死生多数都很灵验。然而他到各诸侯国行医求学，不安居在齐国的老家，有时候又不给人治病，因此，有些病人很怨恨他。

---

① 五色：指青、赤、黄、白、黑五种颜色。按照五行学说，青属木属肝，黄属土属脾，赤属火属心，白属金属肺，黑属水属肾。

在汉文帝四年（公元前176年）时，有人向朝廷控告淳于意。根据他的罪，应当押送到长安去，淳于意有五个女儿，跟着他哭泣。淳于意十分恼怒，骂道："生孩子不生男孩，到了紧急的时候就没有人可以用！"小女儿缇萦被父亲的话刺伤，就随着父亲西行去长安，向皇帝上书说："我的父亲做官，齐国的人都称赞他廉洁公平，今天犯了罪应当处以肉刑。我非常痛心的是，那些被处死的人再不能复生，那些受刑伤残的人再也不能复原，他们虽然想改过自新，但也无路可走，始终没有机会了。我情愿自己入官府充当奴婢，以此来赎父亲的罪过，使他有机会改过自新。"汉文帝看了她的上书以后，怜悯她的心意，在当年就废除了肉刑。

淳于意住在家里，皇帝下诏令问他为人治病决断死生应验的有多少人，他们名叫什么。【33】

诏书问前太仓长淳于意说："医术有什么专长，以及能治愈什么病？有没有医书？从哪里学的？学了几年？曾经治好哪些人，是什么地方的人？得的是什么病？治疗用药后，病情都是怎样的？全部详细回答。"淳于意回答说：

从我年轻的时候起，就喜欢医药，但所学医方试于病人多数都无效。到了高后八年，得以遇见同乡元里公乘阳庆老师。老师七十多岁，我侍奉他。他对我说："全部抛去你过去学的那些医书，那些书不正确。我有古代先辈医家留传下来的黄帝、扁鹊的脉书，可以根据人的五色诊断疾病，决断疑难病症，从而确定可否治疗，并有论述医药的书，十分精妙。我的家境富足，心里很喜欢你，想把收藏的全部医书、秘方传授给你。"我就说："这真是太幸运了，我连想都不敢想。"我两次离席对阳庆老师跪拜感谢，接受了他收藏的脉书、上下经书、五色诊、奇咳（hāi）术、揆度阴阳外变、药论、石神、接阴阳禁书等。受书之后，经过分析、体验，大概有一年左右的时间。第二年就试着临床实践，很有效。然而还不够精纯。到如今阳庆大概已死去十来年了。我在他那里学了整整三年，我今年三十九岁了。

齐国一名叫成的侍御史①自诉说得了头痛的病，我为他诊脉后告诉他说："您的病很重，不好直说。"出来以后，我单独向成的弟弟昌说："这是体内生了毒疮，

① 侍御史：官名。御史大夫属下的官员。皇帝可以随时派以特殊任务。这类御史官职，随事而设，废置不定。

发作在肠与胃之间，五天后会臃肿，八天后会吐脓血而死去。”成的病因是酒色过度。八天以后成果然死去了，我之所以知道成的病，是因为我为他切脉时，感到了肝上有病的脉气。脉搏的跳动既重浊又静缓，这是内关之病①。脉法书上说：“脉的搏动部位过长而硬得像弓弦一样，不能随着一年四季的变化而有规律地变化，这是病在肝脏。脉长而像弓弦一样硬，但搏动均匀节律和谐的，是肝的经脉出了毛病，相反，搏动不均匀节律不和谐的，则是肝的络脉有病。”肝的经脉有病，脉象均匀的，是人的筋髓患病所导致。脉象极不均匀，时而间歇，时而贲涌有力的，病得自于酒色过度。我所以知道成体内毒疮五日后肿起，八日后吐脓而死去，是因为切他的脉时，少阳经络的脉象时而杂乱，时而密集，时而躁动，时而洪大。这说明少阳经脉得病后进而发展到少阳络脉，一旦病势遍及全身，就有生命危险。当时，只是左手寸口脉关部一分处出现上面的脉象，所以仅有内热而毒疮未发作，等到达于五分处的位置后，就到了少阳脉的界限，到第八日，则吐脓血死去。所以，当上面说的脉象达于寸口关部三分时，脓疮就发作，达于边界时，疮破脓泄，脓泄尽则死。人体的热气往上走，则薰蒸阳明经脉，灼伤小络脉，小络脉一有变动，络脉连接处就发病，接着糜烂、离解，所以络脉之间相交而阻塞。成体内的热气往上走，到达头部，所以就头痛。

① 内关之病：是指内部严重而外部并不显露的疾病。因此，病人往往感觉不到太大的痛苦。

齐王刘将闾的二儿子患病，叫我去诊脉，我告诉他说："这是'气膈'病。得了这种病后，病人心里烦闷，吃不下饭，经常吐口水，病的原因是心中忧虑，厌食。"我就为他开了下气的汤药，服药一天，上逆的气就平降下来，服药两天，就能吃东西了，服药三天，病就全好了。我之所以知道这个男孩子的病，是因为诊他的脉时，他的心脉的脉象重浊而躁动不安，这是阳气郁结的病。脉法书上说："脉搏来时迅速而流畅，去时艰难而滞涩，前后感觉不一致的，是心脏有病。"脉搏旺盛有力的，称作重阳，阳热过重，则扰乱心神，心中烦闷，不思饮食。如果不及时治疗，则热伤络脉，使络脉得病，血从上出，造成死亡。

齐国有一个名叫循的郎中令患病，许多医生都认为是逆气进入胸腹间，所以采用针刺疗法。我为他诊脉后说："这是'涌疝'病，得了这种病，使人解不出大小便。"循说："我解不出大小便已经三天了。"我让他服火齐汤，服一次便解出了大小便，再服一次，大小便畅通，服第三次，病就好了。他的这种病得自于性生活没有节制。我之所以知道他的病，是因为诊他的脉时，得不到五脏的病气，只是右口脉的脉气急迫，这说明病人身体中的中下部热邪涌动，所以说是涌疝，内有热，尿就显现红色。

齐国有个名叫信的中御府长[①]患病，我去为他诊脉，告诉他说："这是热病，然而由于天热，出汗多，脉搏稍有衰减，不会死。"还告诉他："这种病是得自于在流水中洗澡时感到很冷，寒冷停止后身上就发热。"信说：

① 中御府长：官名。少府属官。管理王室事务。

“是这么回事。去年冬天，我替齐王出使楚国，到了莒县阳周水，桥梁已经腐烂了，我就揽住车辕不想过去了，但马受了惊，我掉进水中差点淹死，下属把我救上来后，衣服全湿了，一会儿就觉得身上寒冷，继而热得像火烤，至今还害怕寒冷。”我就为他开了火齐汤药退热，服一次就不出汗了，服两次热消失了，服三次病就全好了。我让他继续服药，二十余天后，身上一点病就都没有了。我之所以知道信的病，因为从脉象上看，他的病属于“并阴”。脉法书上说：“在热病中，阴阳相交缠在一起，属死症。”从诊脉来看，信的病还不是这样，只是热邪侵入到体内，运用清热去邪的药物还是可以治愈的。对于这种病，治疗上的一时失误，就会转化为寒热病。

齐王的太后患病，叫我去诊脉，我说：“这是风热袭入膀胱，解大小便困难，尿的颜色呈红色。”我让她服用火齐汤药，服一次就解出了大小便，服第二次病就止住了，尿的颜色恢复正常。这种病得之于解小便时身上的汗水被风吹干，因而着凉。我能够知道太后的病，是因为我诊她的脉时，感到她的手腕湿润，这是受了风热的缘故。脉法书上说：“切脉重按至骨时，脉搏大而坚实有力，用力较轻时，脉搏大而紧张有力，是肾上有病。”太后的脉正好相反，是大而浮躁，脉大是膀胱有病，脉躁是有内热而尿发红。

齐国章武里的曹山跗患病，我诊脉后对他说：“这是‘肺消’的病，加上乍寒乍热的症状，属于不治之症。应当适当调养，医生是无能为力的。”按这种病的规律，三天后病人就会发狂，乱走乱跑，五天后就会死去。曹山跗五天后果然死了。这种病得之于大怒之后行房事。我所以知道他的病，我为他诊脉时，感到他的肺部有热的脉气。脉法书上说："脉搏起伏不定，鼓动无力，这是形体衰败。"而且他的五脏已经有好几脏都得了病，所以他的脉象不平整而呈代脉[①]的脉象。脉不平整，说明血液没有留居在肝脏内。人的代脉的表现，是时而杂乱，时而密集，时而躁动，时而洪大。这说明他的五脏不但都有病，而且肺、肝的络脉已经断绝，属于不治之症。病人另外出现了寒热，说明形体虽存，但精神已散，神散则形衰，这种病是不宜于针灸和药物治疗的。但我没给他治疗之前，太医先看了，灸他的足少阳脉口，服用半夏丸。服下之后，病人马上腹泻不止，腹中变得空虚，这时又灸他的足少阴经脉，这就严重地破坏了肝的阳气，增加了寒热程度。之所以三日后会发狂，因为人体肝脏的一条络脉横过乳下，与阳明经相接，肝络破坏后，累及到阳明经脉。之所以五日后会死，是因为肝、心两脉只相隔五分，肝的元气五日耗尽，元气耗尽人就死了。

齐国中尉潘满如，患病后小腹疼痛。我诊他的脉后对他说："这是您的腹内留有积瘕（jiǎ）[②]。"我又对齐国名叫饶的太仆和名叫繇的内史说："如果他再不自觉停止房事，过三十天就会死去。"结果只过了二十多天，

---

① 代脉：脉象之一。东汉以前称时而杂乱，时而密集，时而躁动，时而洪大的脉象为代脉。东汉以后则称有规则地歇止而且较缓弱的脉象为代脉。

② 积瘕：指腹内结块，或胀或痛的病。

潘满如就尿血而死。他的病是得之于酒色过度。我知道他的病，是因为切他的脉时，他的脉沉、小、弱，这三种脉突然结合在一起，是脾脏有病。右手的寸口脉紧小，呈现出积聚瘕症的脉象。按照五脏的次序相乘，正好是三十日当死。沉、小、弱三种脉一齐出现的，符合三十日死的规律；三种脉不一起出现的，在近期内可以决断死生；而三种脉与代脉交替出现的，病人的死期就更快了。中尉是三种脉一起出现，所以就尿血而死了。

阳虚侯刘将闾的丞相赵章病了，叫我去为他诊治。许多医生都认为是寒气进入体内，我诊断为“迵（dòng）风”。得了这种病，吃下东西后总是吐出来或者是泻出来，不能留在体内消化吸收。按一般规律，得了这种病五日内就会死去。后来赵丞相十天才死。他这种病得自于饮酒。我所以能知道赵章的病，是因为我为他切脉时，他的脉往来流利、圆滑，这是内风病的脉。吃下东西总是吐出来，在体内留不住的，注定五日会死去，这都是前面所说的分界法。赵章所以十日才死，过了期限，是因为他爱喝稀粥，胃中比较充实，胃中充实的才有可能过期才死。我的老师说过：“胃能容纳水谷的，过期才死；不能容纳水谷的，死期不到就会死去。”

济北王刘志患病，叫我去为他诊脉，我诊后说：“这是‘风厥’，胸部烦闷。”我就叫他服药酒，服完三天，病就好了。他得这种病是因为出汗后躺在地上，受了寒气。我所以能知道他的病，是因为诊他的脉时，感到有风邪的脉气，心脉重浊。按疾病发展的规律，“病邪进入人体肌表，保卫人体肌表的阳气耗尽而阴气侵入”。阴气在体内扩张，寒气上逆而阳气下流，所以胸中感到烦闷。我所以知道他是出汗时躺在地上引起疾病，是因为他的脉气有阴邪。出现这种脉，必然是病已入体内，用药酒治疗，阴邪之气就会随着汗水流出来。

齐国北宫司空[①]的夫人出於是个命妇[②]，她得了病，许多医生都认为是风邪进入体内，肺部有病，因而针刺足少阳经脉。我给她诊脉后说：“是气疝病，影响到膀胱，解大小便困难，尿的颜色呈红色。这种病遇到寒气就会小便失禁，使人小腹肿起来。”她的病得之于想解小便而忍住不解，接着过房事生活。我知道她的病，是因为诊她的脉时，感到她的脉大而坚实有力，脉来时很艰难，这是足厥阴肝经脉变动所产生的病。脉来时很艰难，是因为疝气侵犯到膀胱，引起气结不舒。她的小腹之所以肿，是因为足厥阴肝经的络脉结系在小腹。足厥阴肝经的经脉有病，它的络脉结系的部位也就发生了变动，发生了变动，小腹就肿起，我就灸[③]她的足厥阴经脉，左右各一次，小便就不再失禁了，尿也清了，小腹的疼痛也止住了。同时让她服火齐汤药，仅三天她就痊愈了。

已故济北王刘兴居的乳母自己说脚心发热心情烦闷，我告诉她：“这是‘热蹶’病。”我便用针刺她的脚心，左右各三次。刺时按住针孔不让血渗出来，她的病马上

① 北宫司空：官名。北宫：王后的住处。司空：管理工程的官员。

② 命妇：封建社会称有封号的妇女为命妇。

③ 灸：针灸疗法的一大类。指用艾炷或艾条在体表穴位上烧灼、熏熨防治疾病的方法。

好了。她的病得之于饮酒大醉。

济北王把我召去为各位侍女看病，看到一位叫竖的侍女时，看上去她没有什么病。我告诉永巷长[1]说："竖的脾有伤，不能劳累。按她的病到春天的时候就会吐血而死。"我又问济北王："这位侍女有什么特长？"济北王说："她喜欢织绣之类的女工，多才多艺，总能够从老的织绣方法中翻出新的花样。往年从民间买来，花了四百七十万钱，是四个侍女的价格。莫非她有什么病吗？"我说："她的病很重，属于不治之症。"济北王把竖叫来，看她的面色没有什么变化，很不以为然，仍然留下她，不卖给其他诸侯。春天到了，竖捧着剑跟着济北王去厕所，济北王离开厕所，她在后面，王叫人去喊她，发现她倒在厕所里，吐血死了。她的病得自于流汗。流汗伤脾的人按规律是病发于内，毛发、面色都润泽，没什么变化，脉也不衰减，这也是内关一类的病。

齐国的中大夫患龋(qǔ)齿病，我灸他的左手阳明脉，同时开了苦参汤，每日含漱三升，前后五、六天，病就止住了。这种病得自于受风，以及睡觉时张开口，食后不漱口。

菑川王刘贤的美人难产，来叫我。我去后，给她莨菪(làng dàng)药一撮，用酒送服，服后就顺利生下来了。我再次诊她的脉，发现脉躁动不安，这是因为还有余下的病，就让她服消石一剂，于是她的阴道出血，血如豆大，大概有五六枚。

---

① 永巷长：官名。古时宫女所居长巷为永巷。管理永巷的人叫永巷长。

【34】

齐国丞相舍人的奴仆跟随主人上朝进入王宫，我见他在宫门外面吃东西，观察他的面色有病气，我就告诉了一位名叫平的宦官。【34】平喜欢医道，在我这里学习，我立即把这个奴仆的病容指给他看，对他说："这种面色，说明脾已经受伤，到春天就会阻塞不通，不能进食，到夏天就会泄血而死。"平马上去报告丞相："您舍人的奴仆病得很重，离死期不远了。"丞相问："你是怎么知道的？"平答道："您上朝进入王宫后，那个奴仆站在宫门外没完没了地吃东西，我与仓公站在一起，他指着那个奴仆说：'病像这样的属于不治之症。'"丞相马上把舍人叫来，问道："你的奴仆有病吗？"舍人答道："没有，他身体也没感到有什么不舒服。"到了春天，奴仆的病果然发作了，到了四月便泄血而死。我所以知道那个奴仆的病，是因为他脾上的病已经传遍了五脏，伤脾的颜色交错出现在面上各个色部[1]。这种伤脾的颜色，看上去枯黄，像死去的青草一样。许多医生不知道这一点，以为是有蛔虫。之所以到春天会病重而死，是因为脾胃病的患者面色发黄，黄是土的颜色，而肝属木，脾土耐不住肝木的疏达，所以到春天会病死。这个奴仆延至夏天才死，是因为脉法书上说："病重而脉正常的，是内关。"内关一类的病，人往往感受不到痛苦。如果添上另外一种病，则死在春天的二月里。如果心情愉快，顺其自然，则可以延长一季。那个奴仆正是属于后一种情况，而且身体也比较肥胖。他的病得自于多次流汗，受到火的烘烤，而又在外面承受了剧烈的风邪袭击。

菑川王患病，叫我诊治，我说："这是蹶病，郁热之气上逆，人体上部的症状突出，头痛身热，心情烦闷。"我就用冷水拍他的头部，针刺足阳明经脉，左右各三次，病很快就好了。他的病得自于洗浴后，头发没干就睡卧。诊断如上所说，因为头部发热，一直到肩膀。

齐王妾室黄姬的哥哥黄长卿在家里请客，叫我去。客人都入了座，还没有上菜。我望见王后的弟弟宋建，就对他说："您有病，大概四五天前，您的腰、肋疼痛得不能俯仰，又解不出小便。不及时治疗，病就会侵犯到肾脏，趁病还没到五脏，赶紧治。现在病正侵犯肾区，这就是所谓的'肾痹'病。"宋建说："您说得对，我过去就有腰脊痛的病，四五天前，下雨，黄家的几个女

① 色部：指脏腑及肢体分布于面部的色诊部位。

婿看到我家仓廪下的基石，就搬弄起来，我也学他们的样子，但举不起来，就放下了。黄昏时，腰脊疼痛，解不出小便，到今天还没好。”宋建的病得自于喜好拿重的东西。我所以知道他的病，因为我通过观察他的面色，颧骨部位颜色发干，肾部及腰围以下约枯干了四分，因此也就判断出在四五日之前发病。我让他服柔汤，十八天左右病就好了。

济北王一个姓韩的侍女腰背疼痛，怕寒、发热。许多医生都认为是寒热病。我诊脉后认为是体内有寒气，月经不通。随即用药将月经导下，病就止住了。韩女的病得自于想男性而不能得到。我所以知道她的病，是因为诊她的脉时，切到肾的病脉，脉象往来艰难而不流利，所以月经来得就很艰难，脉形艰难而坚实有力，所以说月经不下。肝脉来的时候硬直而长，如同按在琴弦上，溢出左手寸口，所以说是想男性而得不到。

临菑氾里有个叫薄吾的女子患重病，许多医生都以为是严重的寒热病，一定会死去。我为她诊脉后说：“这是蛲虫聚集，形成虫块。”这种病的患者腹部大，皮肤又黄又粗，用手按时病人感觉很难受。让她服芫（yuán）花一撮，服后泻出蛲虫约数升，病就止住了，三十天便恢复正常。这种病得于寒冷潮湿，寒湿气积得深了，不能从体内发散出来，就变化为蛲虫。我所以知道她的病，是因为在切脉时，摸她的尺肤部觉得干燥粗糙，而毛发仍然有光泽，这说明有虫气。病人的面色润泽，是因为内脏并没有邪气侵入及没有其他重病。

齐国姓淳于的司马患病，我为他诊脉后告诉他：“您得的是‘迥风’病。这种病的症状，是咽下食物后总是泄出来。病起于吃饱后剧烈地跑动。”他说：“我到齐王那里吃马肝，吃得很饱，见端上酒来，就离席很快跑回自己家里，马上就泄了几十次。”我告诉他：“服七八天火齐米汁就会好的。”当时有个叫秦信的医生在旁边，我离开后，他问身边一个姓阁的都尉：“淳于意说司马得的是什么病？”都尉答道：“是迥风，可以治好。”秦信笑道：“他是不了解，像司马得的这种病，注定九天后就会死去。”九天过后，司马并没有死，又叫我去复诊。我询问病情后，完全符合我的诊断，我就给开了火齐米汁汤的方子让他服，七八天后，司马的病果然好了。我所以知道他不会死，是因为诊脉时，脉象完全符合正常规律，病与脉相顺应，所以不会死。

齐国有一位名叫破石的中郎患病，叫我去诊治，我为他诊脉后告诉他：“你这是肺伤了，属不治之症，按十天干配五行[①]推算五脏死期的方法算，你可能要在十天后丁亥日那天尿血死去。”到了第十一天，破石尿血而死了。他的病得自于从马上掉下来摔在坚硬的石头上，因而肺受了损伤。我所以知道破石的病，因为我为他切脉时，得到了肺的真脏脉，而且脉来的时候十分散乱，一呼一吸之间几次脉搏的跳动都不一致，而且面部又出现了心战胜肺的颜色。我所以知道他是从马上摔下来的，

---

① 十天干配五行：十天干即甲、乙、丙、丁、戊、己、庚、辛、壬、癸。五行即金、木、水、火、土。肺属金、肝属木、肾属水、心属火、脾属土。

是因为得到了反阴脉，在肺的脉位得到了心的散脉。反阴脉进入左乳下心尖搏动处，然后占据肺脉，肺脉出现了散脉，当然面部的颜色也就跟着发生了变化。他所以与原预料的死期不合，是因为我的老师说过："病人能容纳水谷的，就能越期才死；病人不能容纳水谷的，不到期限就会死去。"破石喜欢吃黄米，黄米具有养肺的作用，所以他才超过期限死去。他之所以尿血，因为诊脉法说："病人性喜安静的，则气血下行而死；病人性喜活动的，则气血上逆而死。"破石喜欢安静，不急躁，又长久坐着不动，伏在小桌子上睡着了，因此，血从他的下部泄出。

齐王有一位名叫遂的侍医病了，自己炼制五石散服用。我去拜访他时对我说："我有病，希望得到您的诊治。"我即为他诊脉，然后对他说："您的病是内热，《药论》说过，内有热，不解小便的，不能服用五石。五石药作用猛烈，您服用后小便次数会减少，快不要服了。"【35】遂说道："扁鹊说过，性寒的石药，可以治阴虚有热的病，性热的石药，可以医治阳虚有寒的病，石药也有阴阳寒热之分。"我说："您的议论错得太远了，扁鹊虽然这样说过，但必须结合面色与脉象、表与里、有余与不足、顺与逆的具体情况，审慎地诊察，从而确定和掌握好能否服用石药以及服用的标准。《药论》一书说过：'热邪潜伏在体内，寒症表现在外的，不能用烈药和石针。'燥烈的药物进入体内，邪热更加放肆，原来蕴集在体内的邪热更深，重重积聚在腧穴的周围，进而激发为毒疮。"

自那以后一百天左右，毒疮果然发作在遂的乳头上部，进入锁骨上窝而死。这说明，对于名家的论述，只能也必须掌握其中的原则而灵活运用。拙劣的医者有一点没有学到，就失去条理，颠倒阴阳了。

齐王过去当阳虚侯的时候，病得很厉害，许多医生都以为是气上逆。我为他诊脉后认为是邪气阻塞脏腑所引起的疾病，其病根在右肋下，大小如同一个倒置的杯子，使人气喘，气上逆不能吃东西。我给他开了火齐粥的处方先让他服，六天后，逆气平降下来了，我又让他接着服用丸药，前后又六天，病就止住了。他的病得自于房事没有节制。当时，我还不知道如何解释这种病，只是大略知道疾病所在的部位。

我曾经医治过安阳武都里成开方的病。成开方起先自诉没有什么病，我告诉他，你将要被“沓风”病所苦恼，三年后四肢不能活动，嗓子哑得不能说话，一旦哑了就会死亡。现在我听说他的手脚已经瘫痪，声音哑了，但还没有死。他的病得自于喝酒太频繁，又感染了剧烈的风邪。我所以知道他的病，是因为脉法和奇咳术都说：“脏气相反的是死症。”成开方有肾反肺的脉象，按一般规律，三年就要死去。

安陵阪里的公乘项处病了，我为他诊脉后说：“这是‘牡疝’病。”得了这种病，疼痛多发生于隔膜之下的腹腔内，上部连着肺。病得自于房事没有节制。我嘱咐项处：“千万不要做劳力的事，做劳力的事必定吐血而死。”项处不听劝告，玩蹴鞠的游戏，腰部寒冷，出了许多汗，很快就吐血了。我再次为他诊脉后说：“你会在明天黄昏时死。”第二天黄昏果然死了。我所以知道项处的病，是因为切到了他的反阳脉，反阳脉进入虚里，项处必死无疑。出现反阳脉和结脉的脉象，就是牡疝。

淳于意说：其他通过诊脉来决断死生的病，以及治愈的病人很多，时间久了，忘了许多，不能全部记得，因此不敢答对。

皇帝下诏书问淳于意：“你所诊治的病，病名很多是相同的，而治疗的结果却不一样，有的死，有的不死，这是为什么？”淳于意答道：“是有很多病名相似，难以分辨。正因为如此，古代的圣贤才确定诊断的标准，区别人的各种脉象分别加以命名，再参考自然界的变化规律和人体的其他情况，这样就可以区别各种病症，找出它们的不同之处。医术精良的人，对病名相同的病，能够区别其不同之处，医术平庸的人则把他们混同在一起。然而先贤们立下的规矩也不是万能的，还要掌握以分度脉诊治疾病的方法，才可以从相似的病名中找出它们的不同点，以及疾病所在的位置。我为人诊病，都有病案记录。我的学业刚完成时，老师就去世了，我做病案记录，是为了更准确地分析预测死生、观察治病的得失情况。我现在能够明了相同或相似病名的区别，这也是一个很重要的方面。”

皇帝下诏书问淳于意：“你决断患者的死生，有时不对期，这是什么原因？”淳于意回答说：“这都是因为患者的饮食、情绪不正常，或者不该吃药的吃药，不该针灸的针灸，因此不能按期死亡。”

皇帝下诏书问淳于意：“你的医技已经达到了能决断人生死的程度，用药也很适宜，那么诸侯王和大臣们有人找你看病吗？齐文王刘侧患病时不求你诊治，这是什么原因呢？”淳于意答道：“赵王刘遂、胶西王刘印、济南王刘辟光、吴王刘濞都派人来叫我，我不敢去。齐文王患病时，我家里很穷，要替人看病谋生，怕把我留在宫廷里当御医。所以我就将户口迁在亲戚邻里的名下，不治家产，而到处游历为人看病，访求名师，我这样做已经有很长一段时间了。我拜了许多名医为师，全部学到了他们的特长，领会了他们所著医书的内容实质，并且根据自己的实践进行分析评定。我住在阳虚侯的国家，所以得侍奉他。阳虚侯入朝见天子的时候，我就跟随他去京城，所以能够诊治安陵项处等人的病。”

皇帝下诏书问淳于意："你知道齐文王得病不起的情况吗？"淳于意答道："我没有见到过文王的病，但私下听说文王得的是气喘、头痛、眼睛看不清的病。据我分析，这算不上是什么病。我认为文王是因为肥胖、活动少、骨头难以支撑、精力积蓄过多才导致气喘的，不应当用药物治疗。脉法书上说：'人在二十岁时血气正盛，应当多活动，三十岁适宜快步走，四十岁应当多静坐，五十岁应当安静地睡卧，六十岁则应当将元气深藏起来。'文王年纪不满二十，正当血气方刚的时候，却很少活动，这不符合自然规律。后来我听说医生对他实施灸法医治后，病情马上就加剧了，这都是医生诊断上的错误。我认为，文王年不过二十，应当多调节饮食，多在晴朗的日子出外活动，以开阔情志，使筋、骨、肉、血脉互相适应，排除多余的精气。所以二十岁的人，称为'易贸'，不应该用砭灸法治疗，这会造成气血两亏。"

皇帝下诏书问淳于意："你的老师阳庆是从哪里学来的医术？齐国的诸侯们都知道他吗？"淳于意回答说："我不知道阳庆老师是从哪里学到的。他的家境富裕，擅长医术，但不肯给别人治病，因此，很少有人知道他。老师告诫我说：'千万不要叫我的子孙知道你学我的医术。'"

皇帝下诏书问淳于意："你的老师怎么就会看中你、喜欢你，并且愿意将全部医术及秘方教给你？"淳于意回答："我起先并不知道阳庆老师擅长医术，我之所以知道阳庆，是因为我年轻时就喜爱医道，我试着用他的医方，多数都很有效、精妙。我听说菑川唐里有个叫公孙光的人很善于使用古代遗留下来的医方，我就前去拜见他。我在他那里留下来侍奉他，从他那里学习了阴阳变化的理论以及口头流传下来的医疗方法，对这些我全部接受并书写下来。我还想把他所有的技术和秘方都学过来，公孙光说：‘我所知道的都教给你了，对于你，我是不会有什么保留的。我老了，你也不必再侍奉我了。我年轻时所学的一些妙方，也都传给你，千万不要教给别人。’我说：‘我能够在您跟前侍奉您，并全部得到了您的医术和医方，真是太荣幸了，我死也不敢传给别人。’过了些日子，公孙光闲着没事，我就跟他深入地分析古代医术和医方的特点。公孙光见我说得很精辟，十分高兴，说：‘你必定会成为国家的名医，我过去有些相熟的亲戚朋友，现在都疏远了，我还有一个同母异父的兄弟住在临菑，擅长医学，我不如他。他的医方很奇特，不是世间所能听到看到的。我中年的时候，想学习他的医术，他说：“你不是可以接受这些医术的人。”你现在必须和我一同去，他才会知道你是一个喜欢医术的人。我的这个兄弟就是阳庆，现在也老了，家里很富足。’当时我没有去，正好赶上阳庆的儿子阳殷来给齐王献马，通过公孙光把马进献到齐王那里，我因此得以和阳殷熟悉。公孙光又嘱咐阳殷说：‘淳于意很喜欢医道，你要恭恭敬敬地对待他，这个人是个慕圣人之道的儒士。’公孙光还写了一封信，把我推荐给阳庆，所以我才知道了阳庆这个人。我侍奉阳庆非常勤谨恭敬，阳庆因此非常喜欢我。”【36】

皇帝下诏书问淳于意：“官民有跟着你学习医术的没有？学成后有没有全部得到你的医方的？都是什么地方人？”淳于意答道：“曾有临菑人宋邑来学，我教给他五色诊法约有

一年多，济北王派遣太医[1]高期、王禹来学习，我教给他们人体经脉上下分布的部位以及异常络脉结系的部位，时常与他们谈论身上穴位的分布以及经络之气在周身运行的邪正顺逆情况，以选择适宜用针、砭石治疗的处所，大概也有一年多的时间。菑川王曾派遣太仓马长[2]冯信，向我请教医术，我教给他按摩中的逆顺，论述药法，鉴定药的性味及配药的方法。高永侯的家丞杜信喜欢诊脉，到我这里来学习，我教给他身体上下经脉分布的部位及五色诊法，大概有两年多时间。临菑召里的唐安来我这里学习，我教给他五色诊法、上下经脉分布的部位、奇咳术、阴阳随四季变化而变化的道理，还没学成，就被委任为齐王的御医了。”

① 太医：封建社会专为帝王和宫廷官员等上层统治阶级服务的医生称为太医。
② 太仓马长：官名。太仓署中管理马政的长官。

皇帝下诏书问淳于意："你为人诊病决断死生，能做到完全没有失误吗？"淳于意答道："我治疗病人，必须先为他切脉，然后才进行治疗，脉衰败或者与病情相违背的人不能治疗，脉相顺的才能治疗。如果不精心切脉，就有可能将本来能预断死期的病看成是可治的，从而常常出现失误。我不能做到十全十美。"

太史公说：女子不论美丑，一进宫就会被人嫉妒；士人无论是否贤能，一进入朝廷就会被人怀疑。所以扁鹊才会因为怀有高明的医术而被害，仓公自愿隐匿形迹却被判刑。缇萦上书皇帝，她的父亲才得到后来的平安。所以老子说："美好的东西都是不吉祥之物。"难道说的是扁鹊这样的人吗？像太仓公这样的人，也和这句话所说的意思接近啊。

史记卷一百零六
吴王濞列传

扫描二维码
阅读本篇原文

刘濞　汉景帝　应高　袁盎　周亚夫

吴王刘濞（bì），是汉高祖刘邦次兄刘仲的儿子。刘邦平定天下七年后，赐封刘仲做了代王。后来匈奴进攻代国，刘仲坚守不住，丢弃自己的王国，抄小路跑到洛阳投奔到刘邦那里。刘邦因为他是自己的亲哥哥，不忍心用法律制裁他，便取消了王号，降为郃（hé）阳侯。高祖十一年（公元前196年）秋天，淮南王英布反叛汉朝，东进吞并了荆国的土地，夺取了荆国的军队，又西渡淮河攻打楚国。刘邦亲率大军，前往征讨叛军。当时，刘仲的儿子、沛侯刘濞年方二十，有气力，便以骑兵将军的身份随刘邦出征，并在蕲县西边的会甀乡击败英布，英布逃走了。荆王刘贾被英布所杀，没有留下后代。刘邦担心吴郡、会稽两郡一带的百姓轻躁强悍，想派强有力的王镇守这些地方，而他自己的儿子们又都在幼年，便封刘濞做了吴王，统治三郡五十三县。举行完授爵仪式后，刘邦接见刘濞并观察他的相貌，对他说："你有反相。"心中后悔不该封他为王，然而已经举行完仪式，无法挽回了，于是拍打着刘濞的后背告诫他说："汉朝兴起五十年之后，东南方向有叛乱的，莫非就是你吗？普天之下我们姓刘的都是一家人，你可千万不能造反啊！"刘濞磕着头说："我死也不敢。"【37】

在汉惠帝和吕太后当政时期，天下刚刚平定，郡守和国王们都在自己的辖地尽心尽力安抚百姓。吴国有豫章郡的铜

【37】

矿，吴王刘濞网罗了一些逃亡的人，私自铸造钱币，熬海水制盐，国家很富足，因此，用不着再征收赋税。

汉文帝时期，吴国太子刘贤进京朝见皇上，有机会陪伴皇太子刘启饮宴、玩博戏。跟随刘贤的老师们都是楚地人，性情轻躁强悍，平时又骄横惯了。玩博戏时，很不恭顺地与皇太子争夺台盘通道，皇太子一怒之下，举起台盘向吴国太子扔过去，不料吴国太子竟被打死了。朝廷派人送吴国太子的灵柩回国安葬。灵柩到达吴地以后，吴王愤怒地说："天下都是姓刘的，在长安死的就安葬在长安算了，何必再送回来。"于是又打发人将灵柩送回长安安葬。从此吴王刘濞渐渐地将封国王侯的礼仪抛在脑后，推说自己有病，不到京城定期拜见皇上。朝廷也知道他是为了儿子的事恼恨在心，根本就没什么病。因此，吴国一有使臣到京，朝廷总是把他们拘留追问吴王的情况。刘濞非常惊恐，更加紧了阴谋的策划。后来吴王刘濞派人代替他进京秋请[①]，皇上又责问吴国的使者，使者瞒不住，说道："吴王确实没害什么病，朝廷拘留了几批使者，就托词害病。常言说，'看见深潭里的鱼不吉利。'现在吴王装病，被朝廷发现了，追查得很紧，他就更害怕了，因此也就更加隐蔽了。害怕皇帝杀他，他的这些阴谋诡计实在是出于无奈，希望皇上不要再追究，给他个改过自新的机会。"于是皇上便赦免了吴国的使者，把他们放回去。并赐给吴王拐杖，告诉他年老了，不必来朝廷朝见了。吴王刘濞得到赦免，阴谋也就慢慢懈怠了。然而他治理封地，由于产铜和盐的缘故，百姓用不着缴纳赋税，士兵服役发给代役金，

① 秋请：汉朝规定，诸侯王朝见皇帝，在春季称朝，在秋季称请。

逢年过节慰问有才能的人，赏赐平民百姓，拒绝其他郡国引渡逃亡的人。这类措施实行了四十多年，因此他才得以利用他的人民。

晁错当时担任太子家令，深受太子的宠爱，曾经多次进言说根据吴王的罪过，可以削去他的封地，并屡次上书汉文帝，但汉文帝宽容，始终不忍心惩罚吴王，因此吴王更加骄横起来。等到汉景帝即位，晁错担任了御史大夫，便劝说皇上："过去高祖刚刚平定天下，兄弟少，子弟们幼弱，所以才大封同姓为王。封庶子齐悼惠王统治齐国七十多县，庶弟楚元王有楚国四十多县，侄儿刘濞封吴王，也有五十多县。封了这三个旁支亲属，便分去了天下的一半。如今吴王有吴太子事件的嫌隙，长期诈称有病不来朝见，按照法律应当处死，但文帝始终不忍加刑，并赐给他拐杖，恩德够深厚了，他本应改过自新，而他竟更加骄横放肆，用私自铸钱和熬盐，引诱那些逃亡者，阴谋作乱。现在是削减他的封地也反，不削也反。削了，他反得急，祸害还小些；不削，他反得晚，祸害就更大了。"汉景帝三年（公元前 154 年）冬季，楚王刘戊来京朝拜皇上，晁错向景帝提出刘戊在去年给薄太后服丧期间，在服丧处犯了奸淫罪，按律应当处死。汉景帝赦免了他的死罪，罚他削去封国中的东海郡，还要乘机削去吴王封地中的豫章郡和会稽郡。在此前两年，赵王刘遂有罪，削去了他的河间郡，胶西王刘卬因出卖官爵，削去了他的六个县。

汉朝的大臣们正在议论削减吴王的封地，吴王闻讯十分惊恐，害怕封地被没完没了地削减，便加紧策划，打算起事。他想各诸侯王国没有值得跟他们一起筹谋的，只觉得胶西王刘印勇敢好斗，喜欢带兵作战，由齐国分立出来的各国都畏惧他。于是，吴王派中大夫应高去引诱胶西王。应高没有带书面文件，只是口头向胶西王通报说：“吴王自认没有什么德能，只有旦夕都可能到来的忧患，他不愿把自己当作您的外人，所以派我来传达他的好意。”胶西王说：“请赐教。”应高说：“如今皇上信任奸臣，称赞邪恶之人，喜欢伪善小人，听信坏人的谗言，擅自变更国家的法令，侵夺诸侯们的封地，胃口越来越不满足，诛戮、惩罚善良的人们，一天比一天厉害。俗话说‘开始吃糠就要轮到吃米了’。吴王与胶西王都是知名的诸侯，一旦朝廷抓到什么把柄，恐怕就不得安宁啦。吴王身患暗疾，不能亲自进京朝拜已经有二十多年了，经常担心被皇上怀疑，然而没有机会表白自己，整天恐惧谨慎，还怕得不到宽恕。听说您因为出卖爵位的事有罪责，但别的诸侯们被削减封地，都不如这么严重，恐怕您这里并不是削减一些封地所能了事的。”胶西王说：“是有这么回事，但您认为应该怎么办呢？”应高说：“憎恨相同的人要互相帮助，爱好相同的人一定要互相体贴，心性相同的人必然相互成全，愿望相同的人必有共同追求，利益相同的人定能同生共死。如今吴王认为与大王有共同的忧患，希望顺应时势，遵循天道，牺牲自己为天下除害，这总是可以的吧？”胶西王惊骇地说：“我怎么敢这么做呢？如今皇上虽然急躁，纵然有一死，怎么敢不拥护？”应高说：“御史大夫晁错，欺君罔上，侵夺诸侯们的封地，排斥忠良，阻塞贤路，朝臣们都很憎恨他，诸侯们都有背叛之意，他的作恶已经到头啦。彗星出现，蝗灾发生，这是万世难逢的良机，是圣人出现的劳苦忧愁的时代。所以，吴王想在朝廷里以讨伐晁错为号召，在外则追随大王左右，驰骋天下，大军所向，望风披靡，攻无不克，战无不胜，天下没有敢不臣服的。大王如果能答应一句话，那么吴王便率领楚王夺取函谷关，守住荥阳敖仓的粮食，抵御汉朝的军队。在那里安营扎寨，等候大王。大王果真有幸光临那里，天下便可吞并，与吴王平分天下，不也很好吗！”胶西王说：“好。”应高回去报告吴王，吴王还是怕胶西王不赞成，就亲自往胶西，当面跟他结盟。

胶西的臣子们有的听说了胶西王与吴王的密谋，都规劝胶西王说：“拥戴一个皇上，是人生最大的高兴事。现在大王和吴王一起西进，即使能够成功，将来势必与吴王争夺天下，那祸端就开始结成了。况且全国诸侯的封地不及汉朝郡县的十分之二，同时叛乱还会使得太后担忧，这可不是什么好主意啊！”胶西王不听，就派人联络齐王刘将闾、菑川王刘贤、胶东王刘雄渠、济南王刘辟光、济北王刘志，都得到了响应。他们还认为，城阳景王刘章深明大义，曾经攻杀吕氏家族，现在不必与他的儿子城阳王刘喜联系，事成之后让他分享就行了。

诸侯王们新近都被削减了封地，震惊恐惧，都很怨恨晁错。等到朝廷削去吴国会稽、豫章两郡的命令到达后，吴王刘濞就首先起兵，胶西王于正月处死汉朝二千石级以下的官吏，胶东王、菑川王、济南王、楚王、赵王也都这样办，于是共同发兵西进。齐王刘将闾在举事后发现了刘濞、刘卬的阴谋，后悔了，服毒自尽，背叛了协议。济北王的城墙坏了，修复尚未完工，他的郎中令强制看守他，不让他出兵。胶西王刘印担任主帅，和胶东王、菑川王、济南王一起共同围攻临菑。赵王刘遂也反了，暗地里派人到匈奴联合他们的军队。

七国发动了叛乱，吴王刘濞全部动员起他的士兵，对全国下令说："我已经六十二岁了，亲自担任统帅。我的小儿子十四岁，也要身先士卒。凡是年龄在我以下，在我小儿子以上的男子，都要从军出发。"动员了有二十多万人。又向南派人到闽越和东越联络，东越也出动军队跟随吴王刘濞。【38】

汉景帝三年（公元前 154 年）正月甲子日，吴王刘濞自广陵起兵后，西渡淮河，与楚国的军队合兵一处。于是派遣使者送书信给各诸侯王说："吴王刘濞恭敬地问候胶西王、胶东王、菑川王、济南王、赵王、楚王、淮南王、衡山王、庐江王以及已故的长沙王的儿子们：请你们指教我！现在汉朝出现了奸臣，他们对国家没有什么功劳，却侵夺诸侯的封地，让有司弹劾、囚禁、审讯、惩罚他们，以侮辱残害为能事，不以诸侯君主的礼节对待刘氏的骨肉亲人，灭绝先帝的功臣，任用奸佞小人，蛊惑百姓，危害国家。皇上身体多病，神志不清，不能明察秋毫。如今我想起兵诛灭奸臣，敬听你们的意见。吴国虽小，领地也纵横三千里；人口虽少，也可装备精兵五十万。我与南越国王结交三十多年，他毫不推托地把士兵分来给我，又可得到三十多万。我虽然没有什么才能，但愿意跟随诸位之后。南越和长沙邻界，由长沙王的儿子们平定长沙以北地区，西向直趋蜀郡和汉中郡。南越王、楚王和淮南三王和我一起西进；齐地诸王和赵王平定河间、河内两郡，而后一部分进入临晋关，另一部分与我在洛阳会

【38】

师；燕王、赵王本来跟胡王军臣单于有协议，燕王北进平定代郡和云中郡，统帅胡军入萧关，到长安去纠正天子的过错，安定江山社稷。希望诸位努力进取。楚之王子和淮南三王，十多年来怨恨深藏在心里，透入骨髓，想要有所表示已经很久了，只因为我没有征求各位国王的意见，所以没敢贸然从事。如今诸位国王如果真的能够存亡继绝，振弱伐暴，从而安定刘家天下，那么国家就有希望了。吴国虽然贫穷，但我节衣缩食，积攒金钱，整备军队，聚积粮食，夜以继日地准备，已经三十多年了。这都是为了今天的目的，诸位尽管用就是了。凡是能够捕得汉朝大将的，赏赐黄金五千斤，封万户侯；杀死、俘虏将军的，赏黄金三千斤，封给食邑五千户；杀死、俘获副将的，赏黄金两千斤，封给食邑二千户；杀死、俘获二千石级官吏的，赏给黄金一千斤，封给食邑千户；杀死、俘获一千石级汉朝官吏的，赏黄金五百斤，封给食邑五百户。而且以上都要授予列侯爵位。对于那些带着军队或城邑来降的，凡带士兵一万人，城邑一万户，比照获得大将受封赏；士兵五千人，城邑五千户，比照获得将军封赏；士兵三千人，城邑三千户，比照获得副将封赏；士兵一千人，城邑一千户，比照获得二千石级官吏封赏。那些前来投降的小官吏，也都能按照等级封赏。其他封赏都按军功法加倍。那些原来就有爵位的，会再给增加，不会只维持现状。希望各位诸侯将上面的情况明确告诉各级官吏，我说话是算数的。我的金钱在全国到处都有，不必非到吴国来取不可，诸位国王日夜用都用不完。有应该赏赐的请通知我，我将亲自前往授予他们。恭敬地将以上情况通报给你们。”

关于吴、楚七国反叛的文书传报到汉景帝那里，汉景帝就派太尉条侯周亚夫统率三十六位将军的部队，前去攻打吴、楚军；派曲周侯郦寄攻打赵军，将军栾布攻击齐军；大将军窦婴屯兵荥阳，督察齐、赵两个战区的战事。

吴楚叛乱的文书传到朝廷，汉军还没有出动，窦婴还没有启行，而向汉景帝推荐了曾经在吴国担任过相国的袁盎。袁盎当时正闲居在家，汉景帝下令召他进见。汉景帝正在与晁错一起计算军粮，筹划兵策，见袁盎进来，便问道："您曾经担任吴国丞相，了解田禄伯这个人吗？您对吴、楚反叛一事怎么看？"袁盎回答说："不值得忧虑，马上可以粉碎。"汉景帝说："吴王以有铜矿制造钱币，有熬海水制盐而引诱天下豪杰，六十多岁才举事，如果不是精心准备能造反吗？您凭什么说他无所作为呢？"袁盎说："吴王有铜矿铸钱、海水熬盐是真，但哪有什么天下豪杰，如果有，就会辅佐他干正事，就不会反叛了。吴王所引诱的，只不过是一些无赖子弟，逃亡来铸私钱的人，所以才能串联在一起反叛。"晁错说："袁盎分析得对！"汉景帝又问："那么对策从哪里来？"袁盎回答："希望您让身边的人退去。"汉景帝于是让身边的人退去，只有晁错在那里。袁盎又说："我的话，做臣子的不能知道。"于是汉景帝又让晁错退去。晁错躲避到东厢房里，心中十分恼恨。汉景帝于是又问袁盎，袁盎说："吴王、楚王互相通信，说'高祖分封子弟各有自己的领地，如今奸臣晁错擅自责罚诸侯，侵夺他们的封地'。因此以反叛为旗号，一齐西进，等到杀死晁错，恢复原有的封地就作罢。如今的对策，只有杀掉晁错，派出使臣赦免吴、楚七国，恢复他们过去被削夺的土地，那么军队就可以不动刀枪而各自撤退。”汉景帝沉默了很久，才说：“关键是这样行不行，如果可以的话，我当然不会舍不得杀一个人向天下人表示歉意。”袁盎说：“我很愚莽，但我想没有比这更好的计策了，请皇上仔细考虑。”汉景帝于是任命袁盎做太常，吴王的侄子刘通做宗正。袁盎秘密地准备出使的行装。过了十来天，汉景帝让中尉晁错，骗他坐车巡视东市。在那里，晁错穿着上朝的礼服被杀了。然后汉景帝立即派袁盎以祖宗的名义，宗正刘通以皇族的身份，按袁盎的策略通告吴王。他们到达吴军时，吴、楚叛军已进攻梁军的营垒了，刘通因为是亲属，先进去会见，刘通让刘濞行礼接受诏书。刘濞听说袁盎来了，知道是来游说的，便笑着说：“我已经做了东方的皇帝，还拜谁？”不肯接见袁盎并把他扣留在军中，想强迫他做大将，袁盎不肯，吴王便派人把他监视起来，并准备杀死他。袁盎连夜步行逃走，投奔到梁国的军队，然后回报朝廷。

这时条侯周亚夫受命之后，故意乘六乘传[1]，准备会师荥阳。他到达洛阳的时候，见到了剧孟高兴地说：“吴、楚七国反叛，我坐六乘传车到这里，没想到竟能安全到达。我还以为诸侯已经得到剧孟，然而剧孟毫无动静，因此我据守住荥阳，从此以东没有什么可忧虑的了。”周亚夫到了淮阳国，问他父亲周勃旧日的门客邓都尉说：“您有什么计策？”邓都尉说：“现在吴国的军队十分锐利，难以和他们交锋。楚军轻暴，但不能持久。如今不如带领部队往东北驻扎在昌邑，

① 六乘传：传，是指驿站或驿站的车马。汉朝规定，用四匹上等马拉的传车称置传，用四匹中等马拉的传车称驰传，用四匹下等马拉的传车称乘传。

把梁国让给吴军，吴军一定会竭尽全力攻打。而您只需坚守阵地，派少数部队断绝淮泗口阻住吴军的粮道。吴、梁两军互相削弱，吴军粮食接济不上，然后您就以优势对劣势，那么吴军失败就是必然的了。”周亚夫连声称好，便在昌邑以南坚守阵地，派轻装部队去断绝吴军的粮道。

吴王刘濞刚发兵的时候，田禄伯担任大将军。田禄伯对刘濞说：“军队聚集西进，没有好的路线，难以成功。我希望带领五万人马，沿长江、淮河而上，收服淮南和长沙地区，然后进入武关与大王会合。这是一条奇计。”但吴国太子刘子驹劝阻说：“大王以反叛为名，这样的军队难以委托给别人，一旦委托他人，他人又起来背叛大王怎么办？而且专领一支军队单独行动，会出现许多难以预料的问题，白白削弱自己的主力。”吴王没有听从田禄伯的意见。

吴国一个叫桓的青年将领劝吴王说：“吴军多是步兵，适合于据险作战；汉军战车、骑兵多，适宜于在平原作战。希望大王不要攻取所过城池，可以放开它们，迅速前进占领洛阳的武器库，食用敖仓的粮食，凭借中原山河的险要号令各诸侯、郡守，即使一时没有进入函谷关，天下就肯定能平定了。如果大王缓慢前进，攻城夺邑，汉军的战车和骑兵很快就到，驰入梁国、楚国的平原地区，那就败局已定了。”刘濞跟一些老将军商议桓将军的计策，老将们说：“这种年轻人出个冲锋陷阵的主意还是可以的，哪里能考虑事关全局的大事呢！”于是，吴王刘濞没有采纳桓将军的计策。

吴王刘濞亲自统率他的军队，还没有渡过淮河的时候，众宾客就都做了将军、校尉、军候、军司马，唯独周丘没有得到任用。周丘是下邳人，逃亡到吴国，卖酒为业，因品行不好，刘濞很轻视他，不任用他干什么事。周丘向吴王要求说："我没有本事，到军队任职不行，也不敢要求带兵，只希望得到大王的汉朝符节，一定会有收获回报大王。"刘濞便给了他。周丘得到符节，趁夜乘车进入下邳城。下邳人这时听到吴王反叛，都据城坚守。周丘到了馆舍，召见县令。县令进门之后，周丘找个罪名，让手下人把他杀了。于是召见他的兄弟们和与他们要好的有权势的长吏警告说："吴国反叛的军队马上就要到来，军队一到，杀光下邳城的人不过是一顿饭的工夫。如今我们主动投降，身家性命必能保全，有能力的人能够封爵位。"于是那些人满城互相传告，这样下邳人都投降了。周丘在一夜之间得到士兵三万人，派人报告吴王，便率领他的部队北进夺取城池。等到达城阳时，军队已经有十多万，打败了城阳中尉的军队。后来听说吴王兵败逃走，自料没有人和自己一道创基立业，就带领部队返回下邳。在回军的路上，他背上生毒疮死去了。

二月中旬，吴王刘濞的军队已土崩瓦解，这时汉景帝发布诏书给各位将军，诏书说："听说做好事的，老天爷会给予福禄；做坏事的，老天爷降以灾祸。高皇帝亲自表彰功德，建立诸侯王国。赵幽王、齐悼惠王没有后代继承王位，孝文皇帝哀怜他们，格外施加恩惠，赐封赵幽王的儿子刘遂、齐悼惠王的儿子刘印等人为王，让他们奉祀先代诸侯的祠庙，并作为汉王朝的藩国。高皇帝、孝文皇帝的恩德可以和天地相匹配，与日月同光辉。然而，吴王刘濞背德叛义，引诱天下的亡命逃犯，扰乱天下的币制，推托有病不来朝见已有二十多年，主管部门和官吏多次请求追究他的罪责，孝文皇帝都赦免了他，想给他创造改过自新，重新做人的机会。他非但不思悔改，如今竟然和楚王刘戊、赵王刘遂、胶西王刘卬、济南王刘辟光、菑川王刘贤、胶东王刘雄渠相互勾结，反叛朝廷，残杀国内大臣和汉朝使者，胁迫、劫持百姓，摧残、杀害无辜的人们，烧毁民房，挖掘坟墓，极尽暴虐之能事，实属罪大恶极。更有甚者，刘卬等人又焚烧汉朝和各王朝的祖庙，抢劫祖庙里的器物。我听到这些非常痛心，穿着白衣服避开了正殿，将军们应当勉励官兵追歼反贼，追剿得越深，斩杀得越多，功劳就越大。凡是捉到了三百石级以上的反贼都要杀掉，不要释放。如果胆敢有议论本诏书或不执行本诏书的，都要腰斩。”

再说当初吴王刘濞渡过淮河，随即和楚王刘戊共同西进打败了棘壁的汉朝守军，乘胜前进，凌厉非常。梁孝王刘武恐惧，派六个将军带兵进击吴军。吴军又打败了梁国的两个将军，士兵们逃回梁国都城。梁孝王多次派人向条侯周亚夫求救，条侯不答应。梁孝王又派使者到汉景帝那里诋毁周亚夫，汉景帝又派人让周亚夫援救梁国，周亚夫又以大将在外便宜行事的原则不去救援。梁孝王派韩安国及楚国原丞相张尚的弟弟张羽担任将军，才稍微挫败吴军。吴王刘濞想要西进，但梁国首都防守坚固，因而不敢西进，就直趋条侯的部队，两军在下邑遭遇。吴军想要交战，但周亚夫坚守营中不肯交战。吴军粮草断绝，士兵饥饿，数次挑战，趁着夜晚突袭周亚夫的营寨，惊扰东南阵角。条侯周亚夫命令防备西北，吴国大军果然大举进攻西北。吴军大败，士兵因饥饿而死的很多，于是有的投降，有的逃散。吴王刘濞带领精兵几千人趁夜晚逃走，渡过长江，逃到丹徒，得到了东越的保护。东越军队约有一万多人，吴王便派人招集逃散士兵。汉朝派人收买了东越，东越就哄骗吴王出外慰劳军队趁机杀了他，带着他的脑袋，乘快马飞报汉朝廷。【39】吴王的儿子刘子华、刘子驹逃到了闽越。吴王一逃，他的军队便崩溃了，纷纷投降到周亚夫和梁国的军队。楚国军队失败后，楚王刘戊自知罪恶深重，自杀了。

胶西王、胶东王、菑川王带领军队围攻齐国的临菑，三个月没能攻下来，汉军来到，三王各自带兵回去。胶西王于是脱去上衣光着脚，坐在草垫上，喝着白水，向太后请罪。太子刘德说："汉军远道而来，我看他们已经疲惫不堪，可以突袭。我愿收集大王的残余部队出击，出击失败，再往海上逃走也还不迟。"胶西王说："我的士兵都已经完了，不可能再出击了。"没有听从太子的意见。汉朝将领韩穨当送给胶西王一封信，说道："奉皇上诏令讨伐叛逆，对投降的赦免他的罪责，恢复原有的官爵；不投降的就加以消灭。你怎么办，我等着你的答复。"胶西王脱衣露体到汉军营前磕头请罪，说："我刘印奉法不谨慎，惊骇了百姓，竟至让将军辛辛苦苦远道来到我们这样的穷国，请求惩罚我该当千刀万剐的罪恶。"弓高侯韩穨当列着仪仗来接见他，说："大王被军事害苦了，我想听听你出动军队的缘由。"胶西王边磕头边跪着前进，回答说："当时，晁错是朝廷权臣，擅自变更高皇帝的法令，侵夺诸侯们的封地。我们认为他不合道义，恐怕他败坏汉朝的天下，所以我们七国出动部队，打算杀掉晁错。如今听到晁错已经伏法，就把军队撤了回来。"

【39】

韩穨当说：“你如果认为晁错不好，为什么不报告皇上？而竟然在没有虎符诏书的情况下就擅自出兵，围攻主持正义的齐国，由此看来，其用意不仅仅是想要杀掉晁错。”于是拿出汉景帝的诏书给他宣读，读罢说道：“大王打算怎么办呢？”胶西王刘印说：“我们死有余辜。”说完便自杀了。太后、太子也都死了。胶东王、菑川王、济南王也死了，他们死后，封国都被废除，领地交给了汉朝。将军郦寄包围赵国都城，十个月才攻下来，赵王刘遂自杀了。济北王由于被郎中令强制的缘故，没有起兵，所以没有受到惩罚，迁到菑川做诸侯。

起初吴王刘濞首先发难联合各国反叛，正月间起兵，到三月间就都被粉碎了，最后只有赵国灭亡稍晚，苟延残喘了十个月。汉朝立楚元王的小儿子平陆侯刘礼为楚王，延续楚元王的后代。让汝南王刘非迁到吴国旧地为王，称为江都王。

太史公说：吴王之所谓被封为吴王，是因为他的父亲刘仲被贬了爵位。吴王能够减免赋税，调用民众，是因为他拥有铜矿和海盐的便利。刘濞的叛乱是因为儿子被打死的缘故，因为下棋产生的谋逆之心，最后导致国灭身亡。亲近越人而谋杀同族，最终自己死亡。晁错为国家深谋远虑，反而让灾祸降临到了自己身上。袁盎善于弄权游说，先是被宠信，后来又被侮辱。古时候诸侯的封地不过方圆百里，其中的名山大河也都不封给他们，归朝廷管辖。古人说：“不要亲近外族而疏远了自己的亲属。”也许就是说的吴王刘濞这种人吧！“不要主谋起事，免得祸及自身。”当然说的就是晁错、袁盎这种人了。

知识拓展

舐糠及米

释义：舔米外的糠，一直舔到里面的米。比喻占据的地方再夺取政权，由表及里，逐步进逼。

出处：《史记·吴王濞列传》：“里语有之，‘舐糠及米’。”

胁肩累足

释义：胁肩：耸起肩膀。累足：并着双脚。形容恐惧的样子。

出处：《史记·吴王濞列传》：“尝患见疑，无以自白，胁肩累足，犹惧不见释。”

铸山煮海

释义：开采山中铜矿以铸造钱币，烧煮海水而获得食盐。

出处：《史记·吴王濞列传》：“濞则招致天下亡命者盗铸钱，煮海水为盐。”